Dirk Kollendt

Alles, was Sie noch nicht über Hamburg wussten

mit einem Vorwort von
Nils Peters

1 Alsterschwimmhalle
2 Alter Elbtunnel
3 Alte Wache
4 Bäckerbreitergang
5 Begräbniskapelle St. Petri
6 Bismarck-Denkmal
7 Börse
8 Cap San Diego
9 Car & Driver
10 Chilehaus
11 Deichstraße
12 Dom I
13 Dom II
   Elbbrücken
14 Elbphilharmonie
15 Fischauktionshalle
16 Flakturm IV
17 Flughafen
18 Gewölbe unter dem Michel
19 Grindelhochhäuser
20 Gruner + Jahr
21 Hagenbeck
   Hammaburg
22 Hamburger Berg
   Hamburger Burgen
23 Hafencity

24 Hauptbahnhof
25 HEW-Hochhaus
26 Hotel Atlantic
27 Jarrestadt
28 Jenisch Haus
29 Kaufmannshaus am Moorgraben
30 Kleiner Michel
31 Krameramtsstuben
32 Landhaus Baur
33 Landungsbrücken
34 Leuchtturm Neuwerk
35 Mundsburghochhäuser
36 Museum f. Hamburg. Gesch.

37 Nikolaikirche
38 Norwegerhäuser
39 Oberhafenkantine
40 Palmaille
41 Peterstraße
42 Polizeihochhaus
43 Rathausmarkt & Alsterarkaden
44 Rickmer Rickmers
45 Schwarzwaldhäuser
46 Speicherstadt
47 Wagnerstraße in Barmbek-Süd
48 Wallanlagen

Inhaltsverzeichnis

2	Übersichtskarte	58	Hafencity
6	Vorwort	60	Hauptbahnhof
8	Alsterschwimmhalle	62	HEW-Hochhaus
10	Alter Elbtunnel	64	Hotel Atlantic
12	Alte Wache	66	Jarrestadt
14	Bäckerbreitergang	68	Jenisch Haus
16	Begräbniskapelle St. Petri	70	Kaufmannshaus Moorgraben
18	Bismarck-Denkmal	72	Kleiner Michel
20	Börse	74	Krameramtsstuben
22	Cap San Diego	76	Landhaus Baur
24	Car & Driver	78	Landungsbrücken
26	Chilehaus	80	Leuchtturm Neuwerk
28	Deichstraße	82	Mundsburghochhäuser
30	Dom I	84	Museum f. Hamburg. Gesch.
32	Dom II	86	Nikolaikirche
34	Elbbrücken	88	Norwegerhäuser
36	Elbphilharmonie	90	Oberhafenkantine
38	Fischauktionshalle	92	Palmaille
40	Flakturm IV	94	Peterstraße
42	Flughafen	96	Polizeihochhaus
44	Gewölbe unter dem Michel	98	Rathausmarkt & Alsterarkaden
46	Grindelhochhäuser	100	Rickmer Rickmers
48	Gruner + Jahr	102	Schwarzwaldhäuser
50	Hagenbeck	104	Speicherstadt
52	Hammaburg	106	Wagnerstraße in Barmbek-Süd
54	Hamburger Berg	108	Wallanlagen
56	Hamburger Burgen	111	Impressum

Vorwort

"In Hamburg sagt man Tschuss", sang einst Heidi Kabel und Hamburg schreibt sich „Tor zur Welt" auf die Fahne. Die Mutter von Karl Lagerfeld riet ihrem Sohn gar einst: „Hamburg ist das Tor zur Welt, aber nur das Tor." Na dann mal durch.

Obwohl diese Zitate einen ständigen Abschied von der Handels- und Durchgangsstadt suggerieren, hat sich Hamburg durch die Geschichte anhand von Bauten einen handfesten und soliden Ausdruck des Beständigen gegönnt. Die Kaufmannstradition brauchte diese festen Orte nicht nur zur Aufbewahrung der Handelsgüter, auch schufen sie sich hiermit den Ausdruck einer Permanenz, die so ganz im Gegensatz zu ihrem flüchtigen Gewerbe steht.

Vielleicht ist daher auch der hamburgische Kaufmann Wilhelm von Boddien zu verstehen, der so vehement für den Wiederaufbau des steinernen Stadtschlosses im fernen Berlin votiert hat. Liegt das daran, dass der Spross einer Landadligenfamilie aus dem untergegangenen Pommern ein schweres Königsschloss als Wahrzeichen der alten Ordnung in Hamburg vermisst?

An gebauten Wahrzeichen ist Hamburg allerdings nicht arm, nur adligen Ursprungs eben selten. Es fehlt ja leider jede Spur der alten Hammaburg, von deren Namen sich der heutige ableiten lässt. Die eifrige Suche der Reste der sagenumwobenen Burg bietet ein wirres Spektakel. Hamburg sucht sich selbst – bislang vergebens.

Da sollte man lieber auf den Michel steigen, um die Schönheit der Elbperle zu genießen. Wozu den vergangenen Träumen adliger Romantik hinterher hängen, wenn der rot-blaue Klinkerstein des Kaufmanns wuchtige und selbstverständliche Kunstwerke feinster Güte hervorgebracht hat. Nebenbei sei angemerkt, dass einer der elegantesten Denker dieser Baugeschichtsepoche, Fritz Schumacher, in

der Hansestadt lange prägend tätig war: Und das nicht nur als Architekt der verruchten Davidswache auf der Reeperbahn.
Der neue Ausdruck hanseatischen Selbstverständnisses ist aber die gänzlich untypische Elbphilharmonie. So ganz mag man dem Wort noch gar nicht Glauben schenken, doch ist das neue Wahrzeichen ein Tempel für die Kunst am breiten Strom des alten Handelsweges.

Bauen ist die sichtbarste Art des Menschen, den Ausdruck seiner Epoche festzuhalten. Im Unterschied zur Schnecke können wir ja den Ausdruck der Behausung selbst bestimmen, so der Architekt und Störenfried Gottfried Semper, ebenfalls Hamburger, im 19. Jahrhundert. Das moderne Hamburg, so scheint es, möchte dringend diesen Ausdruck bewahren und gleichsam aufsprengen. Riesige Glasflächen unterhöhlen die alte, backsteinerne Innenstadt und schaffen wetterunabhängiges Shoppen day-in-day-out: Eben Handel überall.
In der Hafencity aber wird das neue Hamburg im soliden Klinker weitergeführt und setzt zum lang ersehnten „Sprung über die Elbe" gen Süden an.

Mit einem „Sprung über die Jahrhunderte" hat Dirk Kollendt die in diesem vorliegenden Architektur- und Stadtführer kuriosen, interessanten und unbekannten Geschichten der Baukultur Hamburgs herausgearbeitet und festgehalten. Und dieses tut gut, denn der traditionsbewusste Hamburger darf so auch etwas über die hintergründige und nicht immer geradlinige Geschichte seiner Stadt erfahren. Und der Besucher darf somit einen neugierigen Blick hinter die festen Fassaden der ehrenwerten Kaufmannskontore wagen.

Freistil in der Oper
Die Alsterschwimmhalle

Der kühne Schwung des Daches lässt vermuten, dass sich Bedeutendes darunter befindet. Erinnert die weiße Betonkonstruktion nicht ein wenig an das berühmte Opernhaus in Sydney? Der Volksmund taufte das Gebäude, das ein Schwimmbad beherbergt, jedenfalls bald nach seiner Fertigstellung 1973 „Schwimmoper". Das Dach überspannt die beachtliche Fläche von 96m x 64m. Es ist ein so genanntes hyperbolisches Paraboloid - eine in zwei Richtungen gekrümmte Fläche, die in ihrer Form an einen Sattel erinnert. Sie berührt an nur drei Punkten den Boden. Erdacht haben sich die Konstruktion die Architekten Horst Niessen und Rolf Störmer zusammen mit den Ingenieuren Fritz Leonhardt und Wolfhart Andrä.

Das Schwimmbecken sollte für die Austragung von Wettkämpfen geeignet sein, doch stellte sich nach der Fertigstellung heraus, dass es einige Zentimeter zu kurz geraten war. Die 50-Meter-Bahnen mussten also zunächst auf die richtige Länge gebracht werden.

Das sich nach außen spektakulär präsentierende Gebäude galt bezüglich seines Innenraums als eher unansehnlich und unübersichtlich. Nach einem Umbau und der Wiedereröffnung 2007 ist dieser Makel jedoch behoben worden, und die „Schwimmoper" hält auch im Innern, was ihr Spitzname verspricht.

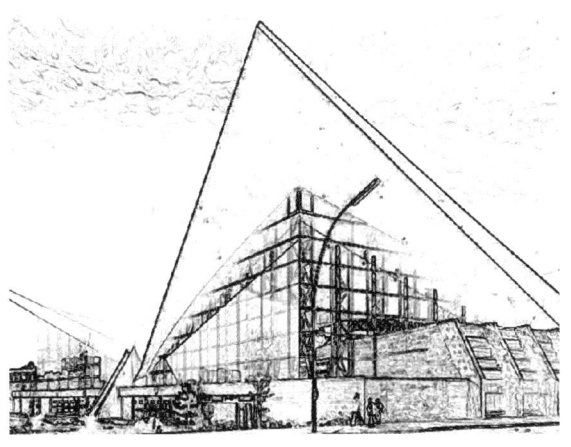

Alsterschwimmhalle

Kutschen unterm Fluss
Der Alte Elbtunnel

Ende des 19. Jahrhunderts erlebte der Hamburger Hafen ein beträchtliches Wachstum. Das Geschehen fand zunehmend jenseits der Norderelbe statt. Nahezu 50.000 Hafen- und Werftarbeiter mussten bei Schichtwechsel die Elbe überqueren. Die üblichen Fähren konnten die Massen bald nicht mehr bewältigen. Die Notwendigkeit einer festen Elbquerung wurde immer offensichtlicher. Das Problem war, dass herkömmliche Brücken von größeren Schiffen nicht unterquert werden konnten. Es wurden verschiedene Möglichkeiten, wie Klapp- oder Hochbrücken erwogen, doch stellten sich diese als sehr teuer heraus. Man entschloss sich daher für eine Tunnellösung.

Am 7. September 1911 wurde Hamburgs erster Elbtunnel eröffnet. Es muss ein ziemliches Gewühl in den beiden Tunnelröhren geherrscht haben. Bereits kurz nach der Fertigstellung nutzten zwei Millionen Menschen jährlich die neue Elbquerung. Rund 430 Meter lang sind die zwei Tunnelröhren, die St. Pauli mit der Elbinsel Steinwerder verbinden. Ihr Durchmesser von sechs Metern rührt von der Forderung her, dass eine Kutsche mit senkrecht aufgestellter Peitsche sie passieren können musste. Die Wände der Tunnelröhren sind mit Majolikafliesen geschmückt, deren Motive die Elbe zum Thema haben. Fische und Muscheln sind dargestellt, aber auch Ratten, die sich am Müll gütlich tun.

Der Höhenunterschied von 24 Metern zum Ufer wird nicht durch Rampen überwunden, sondern durch Aufzüge in den beiden Eingangsgebäuden. Die Gebäude aus Tuffstein wurden von den Architekten Rabe & Wöhlecke entworfen, die zuvor schon die nahen Landungsbrücken geplant hatten. So mancher Zeitgenosse fühlte sich durch ihre symmetrische Form und die kupfernen Kuppeln an Mausoleen erinnert. Noch heute ist der Tunnel in Betrieb, allerdings eher als touristische Sehenswürdigkeit. Seit 1994 wird er nach und nach saniert und mit moderner Technik ausgestattet.

Das verschobene Torhaus
Die Alte Wache am Millerntor

Bis 1798 konnte das von Befestigungsanlagen umgebene Hamburg nur tagsüber durch seine Stadttore betreten werden. Da die Stadt beständig wuchs, wurden die Wallanlagen abgebaut und in Grünanlagen umgewandelt. Der Torschluss wurde allmählich gelockert und es galt die Torsperre. Nun konnte man auch nach Sonnenuntergang die Tore passieren, musste jedoch immer noch eine Steuer, die Akzise, entrichten. In dieser Zeit wurden mehrere Tor- und Zollhäuser gebaut. Eines davon ist die Alte Wache am Millerntor in St. Pauli. Nach Plänen Carl Ludwig Wimmels errichtet, ist sie eines der ältesten Gebäude in Hamburgs Innenstadt und ein schönes Beispiel klassizistischer Architektur. Sie zeugt auch von den Unruhen des Revolutionsjahres 1848, denn hier gab es das erste Opfer der Proteste, die sich auch gegen die Torsperre richteten. Diese wurde erst 1860 aufgehoben.

Langezeit blieb das Torhaus vernachlässigt und verfiel zusehends, noch dazu wurde es aufgrund seiner Lage am Rand des viel befahrenen Millerntordamms durch Verkehrsunfälle beschädigt. Im Jahr 2004 versetzte man das Gebäude um 25 Meter in die Parkanlagen von Planten un Blomen. Dafür hatte man unter den alten Ziegelmauern eine neue Betonplatte gegossen, die mit einem Stahlrahmen verbunden war. Mit einem Kran wurde die Konstruktion hochgehoben und das Haus auf sein neues Fundament gesetzt.

Den alten Standort kann man heute anhand einer Markierung im Pflaster nachvollziehen.

Was vom Gängeviertel blieb
Der Bäckerbreitergang

Bis ins späte 19. Jahrhundert war Hamburg von mächtigen Befestigungswällen umgeben. Die erfolgreiche Handelsstadt wuchs beständig, aber dieses Wachstum konnte nur innerhalb der umgebenden Wallanlagen stattfinden. So entstanden innerhalb der mittelalterlichen Struktur äußerst dicht bebaute Viertel mit engen Gassen, in die kaum ein Lichtstrahl gelangte. In diesen „Gängevierteln" herrschten zunehmend bedenkliche hygienische und soziale Missstände. Die Choleraepidemie von 1892 gab den Stadtvätern den letzten Anstoß, Sanierungsmaßnahmen durchzuführen. Dies bedeutete den Abriss der alten Fachwerkhäuser. Dabei dürften jedoch auch kaufmännische Erwägungen eine Rolle gespielt haben, bedeuteten diese zentralen Stadtviertel doch auch lukrativen Baugrund. Die repräsentative Mönckebergstraße entstand auf den Grundstücken des alten Arbeiterviertels.

Dass zahlreiche Menschen ihre Behausung in der Nähe ihres Arbeitsplatzes, dem Hafen, verloren, gehört zu den negativen Aspekten der Sanierung. Für sie wurden neue Quartiere außerhalb der Stadtbefestigung, in Barmbek und auf der Veddel, angelegt.

Die Fachwerkhäuser im Bäckerbreitergang in der Neustadt gehören neben den Krameramtsstuben und einigen Häusern in der nahen Caffamacherreihe zu den wenigen erhaltenen Zeugnissen dieser einstmals für Hamburg typischen Bebauung.

In jüngster Zeit steht das Ensemble wieder im Blickpunkt der Öffentlichkeit: Eine Gruppe von Künstlern besetzte die Häuser am Valentinskamp. Man wehrte sich gegen die Umbaupläne eines Investors. Der 2008 abgewickelte Verkauf der Gebäude wurde 2009 rückgängig gemacht. Die Initiative setzt sich für den Erhalt der historischen Bausubstanz ein und strebt ein öffentliches und selbstverwaltetes Quartier an.

Bäckerbreitergang

Der Friedhof auf der Messe
Die Begräbniskapelle St. Petri

Auf dem Gelände der „Hamburg Messe" an der St. Petersburger Straße kann man nahe dem Tor B2 ein kleines Gebäude entdecken, das hier seltsam fremd wirkt. Es ist eine Begräbniskapelle. Sie gehörte zum Friedhof der Kirchengemeinde St. Petri - einer von Hamburgs Hauptkirchen. Wieso steht sie an dieser Stelle?

Bis zum Ende des 18. Jahrhunderts wurden Verstorbene innerhalb der Stadtmauern beigesetzt. Das Wachstum der Stadt führte zur Anlage neuer großer Friedhöfe außerhalb der Stadtgrenzen. Die „Kirchhöfe vor dem Dammthore" umfassten eine Fläche von nahezu vier Hektar und erstreckten sich zwischen der Sternschanze und dem Gebiet der heutigen Hamburg Messe und des Parks Planten un Blomen. Die sieben großen Kirchen Hamburgs legten hier jeweils eigene Friedhöfe an. Diese wurden bis zur Eröffnung des Ohlsdorfer Friedhofs im Jahr 1877 genutzt. In den 30er Jahren des 20. Jahrhunderts wurden sie geräumt. Allerdings schien dies recht oberflächlich vonstatten gegangen zu sein. Vor einigen Jahren fand man bei den Bauarbeiten zur Erweiterung von Messe und Congress Centrum eine Vielzahl sterblicher Überreste. Sie wurden auf einem Gräberfeld auf dem Friedhof Öjendorf beerdigt.

Die Begräbniskapelle wurde um das Jahr 1795 errichtet. Die Pläne stammen von Johann August Arens, einem der wichtigsten Vertreter des Klassizismus in Hamburg. Sie wurde als Torbau konzipiert und bildete den nördlichen Eingang zum Friedhof St. Petri. Sie ist die älteste Torkapelle in Norddeutschland. Ihre Architektur ist von der französischen Revolutionsarchitektur beeinflusst und steht für die Stimmung von Aufbruch und Erneuerung in der damaligen Zeit der Aufklärung. Man nutzte sie seinerzeit für Aufbahrungen und Trauerfeiern. Nach zwischenzeitlicher Verwendung als Büro für ein Speditionsunternehmen steht sie heute leer und ist vom Verfall bedroht.

Begräbniskapelle St. Petri

Der Hamburger Roland
Das Bismarck-Denkmal im Alten Elbpark

Oberhalb der Landungsbrücken, den Hafen überblickend, thront ein martialischer Koloss. Es ist das 35 Meter hohe Bismarck-Standbild im Alten Elbpark.

Die nahezu kultische Verehrung Otto von Bismarcks begann bereits zu dessen Lebzeiten. Gegen Ende des 19. und zu Beginn des 20. Jahrhunderts wurden hunderte Denkmäler zu Ehren des Reichskanzlers errichtet - Ausdruck eines neuen Patriotismus im Zuge der deutschen Reichsgründung 1871.

Als man 1901 in Hamburg einen entsprechenden Wettbewerb auslobte, gab es bereits über 300 Bismarck-Gedenkstätten im ganzen Reich. Gewinner war der damals noch junge Berliner Bildhauer Hugo Lederer. Er verwendet für sein monumentales Werk ein sehr bürgerliches Vorbild: Gestützt auf sein Schwert und in voller Rüstung erinnert hier der Reichskanzler an eine Rolandstatue, wie sie in vielen Städten Marktrecht und bürgerliche Freiheit symbolisiert. Der 15 Meter hohe Sockel wurde von dem ebenso jungen Architekten Emil Schaudt entworfen. Er gelangte später zu Ansehen mit Bauten wie dem Hamburger Curiohaus oder dem Berliner Kaufhaus des Westens.

Der Sockel des Denkmals ist begehbar. Im Zweiten Weltkrieg wurde er zum Luftschutzraum umgebaut. 650 Menschen konnte er damals Zuflucht bieten. Der künstlerisch ausgestaltete Innenraum ist heute jedoch nicht mehr zugänglich.

Bismarck-Denkmal

Alt und ehrwürdig
Die Hamburger Börse

Die Hamburger Börse ist die älteste Deutschlands. Bis Mitte des 16. Jahrhunderts trafen sich die Kaufleute unter freiem Himmel nahe der Trostbrücke. Hier tauschten sie Nachrichten aus und schlossen Geschäfte ab. Aus Antwerpen brachte man die Idee einer festen Börse mit, wie es sie dort seit 1531 gab. 1558 weist der Rat ein Grundstück offiziell als Börsenplatz aus. Bald kann auch das erste Börsengebäude bezogen werden. Der Handel wächst und das Haus muss mehrmals erweitert werden. Der Ruf nach einem Neubau wird laut, doch es vergehen einige Jahre mit der Diskussion um Finanzierung, Standort und architektonischer Gestaltung. 1841 ist es dann endlich soweit: Am 2. Dezember wird die „Neue Börse" eingeweiht. Der spätklassizistische Bau am Adolphsplatz stammt von den Architekten Wimmel und Forsmann.

Ein halbes Jahr nach der Fertigstellung fiel die Neue Börse beinahe dem Großen Brand zum Opfer. Doch das Gebäude konnte gerettet werden. Nicht zuletzt dank des wagemutigen Einsatzes des Kolonialwarenhändlers Theodor Dill. Er schaffte es gemeinsam mit neun Helfern, das auf den Neubau übergesprungene Feuer niederzukämpfen. So war die Börse eines der wenigen Gebäude der Innenstadt, die die Brandkatastrophe überstanden. Zum Gedenken an Dill wurde im Jahr 2002 in der Deichstraße, wo Dills Wohnung und Kontor lag, eine Bronzebüste errichtet. Heute findet in dem imposanten Börsengebäude hinter dem Rathaus kein „Parketthandel" mehr statt. Das heißt, es wird nicht mehr durch Zurufe oder Handzeichen gehandelt. Der Computer hat die persönliche Anwesenheit der Händler überflüssig gemacht. So zog dann auch 2002 die Wertpapierbörse aus ihrem angestammten Gebäude aus. Für den Börsensaal entwarf das renommierte Architekturbüro Behnisch & Partner eine Struktur, die wie ein „Haus im Haus" in die alten Räumlichkeiten eingestellt wurde. Die kompromisslos moderne Architektur kontrastiert eindrucksvoll mit dem gediegenen Bestand.

Der letzte Schwan des Südatlantiks
Die Cap San Diego

Das Museumsschiff Cap San Diego liegt östlich der Landungsbrücken an der Überseebrücke vertäut. Sofern es sich nicht gerade auf einer Fahrt befindet, denn das ehemalige Frachtschiff ist das größte noch fahrtüchtige zivile Museumsschiff der Welt. Am 15. Dezember 1961 lief die Cap San Diego vom Stapel. Sie wurde von der Deutschen Werft AG als letztes von insgesamt sechs Schiffen der Cap-San-Reihe im Auftrag der Reederei Hamburg Süd gebaut. Der Name jedes dieser Schiffe begann mit „Cap San". Diese Schiffe verkehrten regelmäßig zwischen Hamburg und Südamerika. Wegen ihrer äußerst eleganten Form wurden sie als „Weiße Schwäne des Südatlantik" bezeichnet. Sie luden Stückgut, also einzelne Güter, die in Säcken, Kisten oder Fässern transportiert werden konnten oder auch Maschinen und Rinderhälften. Daneben nahm die Cap San Diego auch bis zu zwölf Passagiere auf. Ihnen stand eine für Frachtschiffe ungewöhnlich komfortable Ausstattung zur Verfügung.

Es gab klimatisierte Kabinen, ein separates Passagierdeck mit Speisesaal und Salon, und sogar einen Außenpool mit Bar. Die gediegene Inneneinrichtung stammt von dem Hamburger Architekten Cäsar Pinnau, der auch mehrere andere Schiffe der Reederei Hamburg Süd gestaltete. Für den legendären griechischen Reeder Aristoteles Onassis baute er ein ehemaliges Kriegsschiff in eine Luxusyacht um. Pinnaus Hauptwerk bilden jedoch zahlreiche Gebäude, darunter auch der Firmensitz der Hamburg Süd an der Willy-Brandt-Straße. Bis 1986 ging die Cap San Diego auf Große Fahrt, doch wurden die Stückgutfrachter zunehmend durch moderne Containerschiffe verdrängt. Die Verschrottung des mittlerweile unter karibischer Flagge fahrenden und in „Sangria" umgetauften Schiffes stand bevor. Quasi in letzter Minute erwarb die Stadt Hamburg den Frachter. Seit 1988 ist die Cap San Diego ein Museumsschiff und wird für Veranstaltungen und wechselnde Ausstellungen genutzt.

Glas statt Ziegel
Das ehemalige Autohaus Car & Driver

Als 1991 das Luxusautohaus Car & Driver in Wandsbek eröffnet wurde, war das für die Hamburger Architektenschaft eine kleine Sensation. Damals hatte sich bei Neubauten ein Hamburger Klinkerstil etabliert: gediegen mit viel rotem Backstein und etwas verzinktem oder lackiertem Stahl. Gebäude wie die Neue Flora an der Stresemannstraße, das Zürichhaus an der Willy-Brandt-Straße und die Bebauung auf der Fleetinsel sind typische Vertreter dieses Stils. Das neue Autohaus aber erweckte den Eindruck, es bestünde fast vollständig aus Glas. Die tragenden Konstruktionen sind äußerst filigran ausgeführt. Wenn sonst markante Stahlprofile die Glasscheiben rahmen, werden sie hier nur an einzelnen Punkten gehalten. Statt kräftiger Träger gibt es zarte Stahlseile. Verantwortlich für diesen neuen Look war der Architekt Hadi Teherani.

Gerade erst hatte er in Köln mit seinen beiden Studienfreunden Jens Bothe und Kai Richter eine Bürogemeinschaft gegründet. Jetzt eröffnete man das gemeinsame Architekturbüro BRT in Hamburg. Das Debut war in der Fachwelt äußerst erfolgreich, brach es doch radikal mit dem Hamburger Ziegeldiktat. BRT entwickelte sich zu einem der größten Architekturbüros der Hansestadt mit Projekten in aller Welt. Leider bestand das richtungsweisende Erstlingswerk nicht lange in der geplanten Form. Bereits 1994 zog das Autohaus aus und ein Elektronikfachmarkt ein. Der naturgemäß robuste Innenausbau und der sehr deutliche Werbeauftritt des Unternehmens sind der transparenten Architektur nicht unbedingt zuträglich. Es braucht schon Phantasie, um sich vorzustellen, dass hier einmal noble Automobile präsentiert wurden.

Eines aber bleibt: Anfang der 1990er brachten BRT Architekten mit diesem Haus frischen Wind in die Hamburger Architekturszene und läuteten einen Generationswechsel in der Architektenschaft ein.

Beschwingter Backstein
Das Chilehaus

Allein schon seine Größe muss auf die Zeitgenossen beeindruckend gewirkt haben. Das zehngeschossige Gebäude zeichnet den Umriss eines ganzen Stadtviertels nach. Der Bau ist im Grunde eine Maßnahme zur Sanierung der mittelalterlich kleinteiligen Altstadt. Das Grundstück gehörte zu den Gängevierteln, die spätestens nach der Choleraepidemie von 1892 als hygienisch untragbar galten. Auf dem Gelände befanden sich rund 70 Häuser, die im Zuge der Sanierung abgerissen wurden.

Der Unternehmer Henry Brarens Sloman erwarb 1921 die Liegenschaft und beauftragte den Architekten Fritz Höger mit der Planung eines Kontorhauses. Dieser Bautyp ist die frühe Form des Bürohauses, wie wir es heute kennen. Die Idee, größere Gebäude ausschließlich für Büroräume zu errichten, kam aus den USA nach Europa und verbreitete sich rasch. Das erste Kontorhaus in Deutschland war der Dovenhof. Er wurde 1886 ganz in der Nähe des späteren Bauplatzes des Chilehauses errichtet und gab den Startschuss für ein ganzes Kontorhausviertel. Zu diesem gehören neben dem Chilehaus und dem ebenfalls von Höger entworfenen Sprinkenhof noch eine Reihe anderer interessanter Backsteinbauten aus der Zeit zwischen 1920 und 1940. Leider fiel der Dovenhof selbst 1967 der Abrissbirne zum Opfer. Heute steht an der Stelle das Hauptquartier des Magazins „Der Spiegel".

Das Chilehaus wurde 1924 fertig gestellt. Da Bauherr Sloman sein Vermögen im Salpeterhandel mit Chile gemacht hatte, nannte er das Haus nach dem südamerikanischen Land. Das Gebäude ist das bedeutendste Beispiel des Hamburger Backsteinexpressionismus der 1920er Jahre. Die eleganten Kurven, die Staffelung der oberen Geschosse, die dezente Ornamentik und die Steigerung der Form in der dramatisch spitzen Gebäudeecke lassen es trotz seiner Größe leicht und beschwingt erscheinen. Auch die verwendeten Ziegel tragen dazu bei. Das unregelmäßige Material, das Höger selbst als Ausschussqualität bezeichnete, erzeugt eine lebendige Oberfläche.

Das letzte Stück Althamburg
Die Deichstraße

Die Fachwerkhäuser in der Deichstraße sind die letzten erhaltenen Kaufmannsdielen der Stadt. Diese Bauform war einst typisch für die Städte der Hanse. Sie haben alle einen ähnlichen Aufbau: Im Erdgeschoss gibt es einen großen, meist zweigeschossigen Raum. In dieser „Diele" wurden die Waren verpackt, verarbeitet und gehandelt. Im ersten Stock lagen die Wohn- und Schlafräume der Familie. Die Obergeschosse dienten bis unter das Dach als Speicher für die Handelsgüter. In der Deichstraße kann man diesen Aufbau jedoch nur noch im Haus mit der Nummer 37 besichtigen, da die Gebäude im Lauf der Zeit stark verändert wurden.

Der Deich, welcher der Straße ihren Namen gab, wurde Ende des 12. Jahrhunderts angelegt. Im 13. Jahrhundert begann seine Bebauung, zunächst auf der Landseite, ab dem 15. Jahrhundert auch auf der Wasserseite am Nikolaifleet. Die Häuser konnten direkt vom Fleet aus über Flaschenzüge am Giebel beladen werden. Als „Fleete" bezeichnen die Hamburger ihre Stadtkanäle.

In nahezu allen Häusern wurde Bier gebraut. Das Recht hierzu, das „Brauerbe", bezog sich nicht auf den Eigentümer, sondern auf das Haus. Gebraut wurde mit dem Wasser aus dem Fleet. Ein bedenklicher Umstand, denn damals dienten diese Kanäle auch der Abwasserentsorgung. Dem Bier jedoch soll es erst die spezielle Würze verliehen haben.

Von der Deichstraße ging 1842 der Große Hamburger Brand aus. Das Feuer, das in der Nacht vom 4. auf den 5. Mai in der Deichstraße Nr. 42 ausgebrochen war, zerstörte fast die gesamte Innenstadt.

Die Bausubstanz, die den Großen Brand und den Zweiten Weltkrieg überstanden hatte, war in den 1970er Jahren vom Abriss bedroht. Die Häuser sollten einer Zubringerstraße weichen. Einem Verein zur Rettung der Deichstraße ist es zu verdanken, dass die letzten althamburger Bürgerhäuser erhalten blieben.

Burg, Bischofssitz und Grabmal für den Papst
Der Hamburger Dom I

Im Jahr 831 wurde das Erzbistum Hamburg gegründet. Der Benediktinermönch und Missionar Ansgar wurde zum Bischof geweiht und an die Alster entsandt. Es gab hier bereits eine kleine Taufkirche, die Karl der Große 812 zwecks Bekehrung der Heiden hatte errichten lassen. Ansgar baute sie zum Bischofssitz aus und errichtete eine hölzerne Kirche, die der Heiligen Maria geweiht war. Dies war der erste Hamburger Dom.

Das Gotteshaus wuchs über die Jahrhunderte. Im 13. und 14. Jahrhundert entstand eine Hallenkirche im Stil der nordischen Backsteingotik. Im Zuge der Reformation wurde der Mariendom zur katholischen Enklave inmitten des protestantischen Hamburg und verlor zunehmend an Bedeutung. Bald hatte die ehemalige Hauptkirche keine eigene Gemeinde mehr. Das Gebäude verfiel. Anfang des 19. Jahrhunderts war das Schicksal des Doms besiegelt und im Jahr 1807 erfolgte der Abriss. Man ging dabei so gründlich vor, dass von der einst reichen Ausstattung kaum etwas erhalten blieb. Dabei wurde auch das Grabmal von Papst Benedikt V. zerstört. Dieser war 964 in Rom in der Folge politischer Verwicklungen abgesetzt und zum einfachen Geistlichen degradiert worden. Man schickte ihn in die Verbannung an den äußersten nördlichen Rand des christlichen Abendlandes: nach Hamburg. Zermürbt durch die primitiven Umstände und das nordische Klima, verschied er nicht lange nach seiner Ankunft und wurde im Dom beigesetzt. Er soll zuvor noch eine Prophezeiung ausgesprochen haben: Solange sich seine Gebeine an diesem Ort befänden, werde die Stadt verwüstet und von wilden Tieren bevölkert.

Heute erinnern die Namen „Domstraße" und „Domplatz" an den ehemaligen Standort der Kirche. 2009 wurde der Domplatz neu gestaltet und der Wall, der einst als „Domburg" die Marienkirche umgab, mit Stahlplatten nachgebildet.

Markt, Volksfest und Attraktion für Touristen
Der Hamburger Dom II

Dreimal im Jahr, im Frühling, Sommer und im Winter, findet in Hamburg ein großes Volksfest statt. Es ist der Hamburger „Dom". Das Fest hat seinen Ursprung im Mittelalter. Bereits im 11. Jahrhundert suchten Händler, Handwerker, Schausteller und Gaukler Zuflucht in der Domkirche St. Marien, um dem gefürchteten Hamburger „Schietwetter" zu entgehen. Den Kirchenoberen war dies ein Dorn im Auge, doch dem Volk gefiel das bunte Treiben, und Erzbischof Burchard soll 1337 den Aufenthalt der Marktleute offiziell gestattet haben. Bald etablierte sich ein jährlicher Weihnachtsmarkt.

Im 16. Jahrhundert erhielt der Dom einen Anbau, in dem sowohl gepredigt als auch ein Markt abgehalten wurde. Nach den Erzeugnissen der Tischler, die hier ebenfalls ihre Waren feilboten, nannte man den Bau Schappendom (Schapp = Schrank).

1804 wurde zum letzten Mal der Dommarkt in der Marienkirche abgehalten. Drei Jahre später hatte man den Bau bereits abgerissen. Die Marktleute versammelten sich nun auf verschiedenen Hamburger Marktplätzen wie dem Gänsemarkt, dem Großneumarkt und dem Pferdemarkt. Die Bezeichnung „Dom" blieb jedoch erhalten. Als 1892 die Cholera in der Hansestadt wütete, durfte die „Dom-Zeit" nicht mehr in der Innenstadt stattfinden und wurde auf das Heiligengeistfeld verbannt. Bis heute ist dies der Platz auf dem Norddeutschlands größtes Volksfest ausgetragen wird.

Von der Holzplanke zum Stahlseil
Hamburger Elbbrücken

Hamburgs erste Brücke über die Elbe war eine vier Kilometer lange Holzbrücke. Während der Belagerung der Stadt durch die Franzosen von 1813 bis 1814 ließ Napoleon diese „Jochbrücke" genannte Konstruktion errichten. Vorher war die Überquerung der Elbe nur mit Fähren möglich. In strengen Wintern ging oder fuhr man direkt über das Eis. Nachdem die Belagerer wieder abgerückt waren, wurde das Bauwerk nicht mehr instand gehalten, stammte es doch von den ungeliebten Besatzern und stellte noch dazu eine Konkurrenz für den Fährverkehr dar. Schon 1817 war der Bau gänzlich verfallen und wurde nicht wieder errichtet. Es dauerte über fünfzig Jahre, bis Hamburg eine neue Brücke erhielt. Diese war jedoch dem Eisenbahnverkehr vorbehalten.

Erst 1899 ging mit der Alten Harburger Elbbrücke die erste Straßenbrücke in Betrieb. Sie existiert noch heute. Die Stahlbrücke erhielt wuchtige Sandsteinportale, die von dem Berliner Architekten Hubert Stier entworfen wurden und an historische Stadttore erinnern sollen. Eine kühne Ingenieursleistung ist die 1974 fertig gestellte Köhlbrandbrücke. Sie überspannt die Süderelbe, die an dieser Stelle Köhlbrand genannt wird. Obwohl der Wasserlauf nur gute 300 Meter breit ist, erreicht das Bauwerk eine Gesamtlänge von 3.940 Metern und gehört damit zu Deutschlands längsten Brücken. Diese Länge kommt von ihrer beträchtlichen Durchfahrtshöhe von über 50 Metern, welche für große Schiffe notwendig ist. Die Zufahrtsrampen, die mit zur Brückenlänge gezählt werden, sind dementsprechend lang. Der Ingenieur Paul Boué und der Architekt Egon Jux konstruierten die Schrägseilbrücke aus Stahl und Beton.

Weniger kühn und elegant aber auch ein Superlativ ist die ein Jahr früher fertig gestellte Kattwykbrücke. Hier wird das Problem der Durchfahrtshöhe ohne Rampen gelöst: Sie ist nur 260 Meter lang, doch ihr Mittelteil kann um 46 Meter angehoben werden. Sie ist damit die größte Hubbrücke der Welt.

Ein neues Wahrzeichen auf altem Sockel
Die Elbphilharmonie

An der Spitze des Dalmannkais, gegenüber der Kehrwiederspitze, thront wie ein Kristall die neue Elbphilharmonie. Mit ihrer Höhe von rund 110 Metern ist sie das Wahrzeichen für den neu entstehenden Stadtteil „HafenCity". Der exponierte Ort war immer schon etwas Besonderes. Früher nannte man ihn „Johns'sche Ecke", denn hier stand seit Jahrhunderten die Johns Werft. 1875 wurde auf der Johns'sche Ecke, die jetzt Kaiserhöft hieß, der Kaispeicher A errichtet. Dessen Pläne stammen vom damaligen Wasserbaudirektor Johannes Dalmann. Der Bau war damals schon eine Landmarke und verfügte über einen Zeitball, eine Einrichtung anhand derer einlaufende Schiffe ihre Uhren überprüfen konnten.

1963 wurde der alte Speicher gesprengt und ein neuer errichtet. Diesen entwarf der damals viel beschäftigte Hamburger Architekt Werner Kallmorgen. Als die Planungen für den neuen Stadtteil Hafencity zunehmend konkreter wurden, kam die Idee auf, an dieser prominenten Stelle ein neues Wahrzeichen entstehen zu lassen. Man hatte vor, den Kaispeicher zu einem Medienzentrum umzubauen und dabei durch einen Neubau ein Zeichen zu setzen.

Aus einem Architektenwettbewerb im Jahr 2001 ging das niederländische Architekturbüro Benthem Crouwel als Sieger hervor. Doch das Vorhaben wurde nie realisiert. Zwei Jahre später stellte eine private Initiative ihre Pläne für den Ort vor: Die Elbphilharmonie. Der Entwurf der Basler Stararchitekten Herzog & de Meuron fand bei der Öffentlichkeit großen Anklang. Auf das alte Speichergebäude aus Backstein setzen die Architekten ihren gläsernen Neubau. Der Komplex beherbergt neben einem Konzertsaal für über 2000 Personen auch ein Hotel und Wohnungen. Eine Besonderheit sind die unterschiedlich gewölbten und mit einem Punktraster bedruckten Glasscheiben.

Konkurrenz belebt das Geschäft
Die Fischauktionshalle

Altona ist seit 1938 ein Bezirk der Stadt Hamburg. Davor jedoch war es eine eigenständige Großstadt mit am Ende über 200.000 Einwohnern. Mit seinem größeren Nachbarn stand es in ständigem Wettstreit. Diesen gab es auch im für beide Städte wichtigen Fischhandel. Seit dem 16. Jahrhundert hielten die Altonaer direkt an der Grenze zu Hamburg ihren Fischmarkt ab und erregten damit den Unwillen der Hanseaten. Im 19. Jahrhundert entschlossen sich die Hamburger schließlich, wohl mit dem Gedanken „Konkurrenz belebt das Geschäft", ihren Fischmarkt nach St. Pauli zu verlegen. Die beiden Märkte lagen nun praktisch nebeneinander.

Die Altonaer konterten 1894 mit einer Auktionshalle, in der der angelandete Fisch so erfolgreich versteigert wurde, dass ihre Einnahmen die der Hamburger übertrafen. Letztere mussten gleichziehen und errichteten direkt nebenan ein ähnliches Bauwerk. Beide Gebäude überstanden den Zweiten Weltkrieg, jedoch waren sie durch Bomben stark beschädigt worden. Notdürftig als Lager genutzt, verfielen sie zusehends. Die Hamburger Auktionshalle wurde, wie so viele historische Bauten der Hansestadt, Anfang der 1970er abgerissen. Das Altonaer Pendant entging diesem Schicksal nur knapp. Einer Initiative privater Bürger ist es zu verdanken, dass die Halle renoviert und einer neuen Nutzung zugeführt wurde. Architekt Günter Talkenberg rekonstruierte den Bau in den 1980er Jahren anhand alter Fotos und Pläne und machte so dessen historische Struktur wieder erlebbar. Die Form der Halle entspricht der einer antiken Markt- und Gerichtshalle, einer dreischiffigen Basilika. Aus diesem Gebäudetyp entwickelte sich übrigens in frühchristlicher Zeit der Kirchenbau.

Mit der Fischauktionshalle blieb ein Bauwerk erhalten, das von der Konkurrenz der einst getrennten Städte Altona und Hamburg zeugt. Heute finden hier die verschiedensten kulturellen Veranstaltungen statt.

Fischauktionshalle

Eine Festung aus Beton
Der Flakturm auf dem Heiligengeistfeld

Unübersehbar ist der graue Betonklotz an der Feldstraße im Stadtteil St. Pauli. Es ist der Flakturm auf dem Heiligengeistfeld.

Während des Zweiten Weltkriegs wurde als Reaktion auf die alliierten Luftangriffe ein Bauprogramm für die Errichtung von Flugabwehranlagen gestartet - zunächst in Berlin, dann auch in Hamburg und Wien. Alle diese Bauten wurden von dem Architekten Friedrich Tamms konstruiert und von der „Organisation Todt" ausgeführt. Diese trug den Namen ihres Leiters Fritz Todt und war eine militärisch organisierte Bautruppe, die für die Errichtung von Bunker-, Wehr- und Schutzanlagen zuständig war. In Hamburg wurden in der Zeit zwischen 1942 und 44 insgesamt vier Türme errichtet. Zwei in Wilhelmsburg und zwei in St. Pauli. Sie sind paarweise angeordnet. Jeweils einem Gefechtsturm war ein Leitturm zugeordnet. Der Flakturm war der Gefechtsturm. Er war als Hochbunker konzipiert und diente der Bevölkerung als Schutzraum. Auf seinem Dach standen die Flugabwehrgeschütze. Auf dem kleineren Leitturm waren die Feuerleiteinrichtungen untergebracht sowie zusätzliche Geschütze.

Schon zur Bauzeit war klar, dass die Anlagen aufgrund ihrer extrem robusten Bauweise nach Kriegsende nicht einfach abgerissen werden konnten. Architekt Tamms plante daher, den Flakturm auf dem Heiligengeistfeld mit Natursteinen zu verkleiden. Es wurden auch Fensteröffnungen für die Nutzung in Friedenszeiten vorgesehen, die man zunächst wieder verschloss. Hätte man Tamms Pläne umgesetzt, wäre ein festungsartiger Bau im Stil des Nazi-Staatsklassizismus entstanden.

Nichtsdestotrotz wurde der Bunker nach dem Krieg umgenutzt. Zunächst wurden 48 Zweizimmerwohnungen eingebaut sowie ein Restaurant, ein Theater und Lagerräume. In den 1990er Jahren begann der Umbau in ein Medienzentrum, außerdem wurde ein Museum zur Geschichte der Flaktürme eingerichtet. Der Leitturm wurde 1974 abgerissen.

Noch ein Hafen
Der Hamburger Flughafen

Der Hamburger Flughafen wurde 1912 in Betrieb genommen und gilt als der älteste der Welt.

Den Anstoß gibt 1910 der Luftschiffkonstrukteur Graf Ferdinand von Zeppelin. In einer Rede wirbt er dafür, Hamburg möge seine Führungsrolle in der Seeschifffahrt auch bei der Luftschifffahrt einnehmen. Das begeistert einflussreiche Hanseaten und die „Hamburger Luftschiffhallen GmbH" wird gegründet. Als Start- und Landeplatz für die riesigen Fluggeräte wählt man ein Wiesengelände bei Fuhlsbüttel. Das Eintreffen des ersten Luftschiffes wird zum Volksfest. Doch die zivile Luftschifffahrt währt nur kurz. Während des Ersten Weltkrieges wird der Flugplatz ausschließlich militärisch genutzt. 1916 zerstört ein Feuer die große Luftschiffhalle.

Die Zukunft gehört den Flugzeugen und bereits 1919 wird eine regelmäßige Flugverbindung von Hamburg nach Berlin eingerichtet. Man fliegt zunächst mit umgebauten Kriegsflugzeugen. Die offenen Doppeldecker starten und landen auf unbefestigten Rasenflächen. 1929 wird ein Abfertigungsgebäude mit Restaurant und Aussichtsplattform errichtet. 22 Ziele können bald von Hamburg aus angeflogen werden. Darunter auch die 4.000 Kilometer lange Strecke nach Bagdad - die längste Linienflugroute der Welt.

Der Flughafen übersteht den Zweiten Weltkrieg nahezu unbeschadet und wird 1946 wieder für den Linienverkehr geöffnet. Er wächst so stark, dass man in den 1960er Jahren erwägt, einen neuen Großflughafen bei Kaltenkirchen anzulegen, aber diese Pläne werden 1983 zu den Akten gelegt. In den 90er Jahren beginnt die grundlegende Modernisierung. Das Hamburger Architekturbüro Gerkan, Marg und Partner (gmp) entwickelt eine Planung für die stufenweise Erweiterung des Flughafens. Zwischen 1993 und 2008 entstehen zwei neue Terminals, die 500 Meter lange Pier und der zentrale Verbindungsbau „Plaza" - allesamt von gmp entworfen.

Im Keller des Wahrzeichens
Die Gewölbe unter dem Michel

Hamburgs wohl bekanntestes Wahrzeichen ist der Turm der Hauptkirche Sankt Michaelis. Das allgemein „Michel" genannte Gotteshaus gilt als eine der bedeutendsten Barockkirchen Norddeutschlands. Ihr ganz mit Kupfer verkleideter Kirchturm ist mit seiner Höhe von 132 Metern weithin sichtbar und diente den einlaufenden Schiffen als Orientierung. Seine Turmuhr ist übrigens die größte in Deutschland. Acht Meter misst sie im Durchmesser.

Doch auch unterhalb der Erdoberfläche kann der prominente Bau mit Superlativen aufwarten: Nachdem St. Michaelis 1750 durch einen Brand zerstört worden war, ließen die mit dem Wiederaufbau beauftragten Baumeister Johann Leonhard und Ernst Georg Sonnin die Kirche auf einem ausgedehnten Gewölbe errichten. Diese Krypta zählt zu den größten Grundgewölben Europas. Die Gemeinde wollte damit nach bester hanseatischer Kaufmannsart den Wiederaufbau der Kirche refinanzieren. Wohlhabende Bürger konnten sich hier eine Grabstätte mieten. Unter denen, die hier ihre letzte Ruhestätte fanden, sind die Musiker Carl Philipp Emanuel Bach und Johann Mattheson sowie der Baumeister Sonnin selbst.

Während des Zweiten Weltkriegs wurde die Gruft als Schutzraum genutzt. Man hatte zwischen den massigen Gewölbepfeilern Splitterschutzwände eingezogen. Bis zu 2.000 Menschen konnten hier Platz finden. Fast ebenso viele wie in dem darüber liegenden Kirchenschiff. Gegen Ende des Krieges wurde die Kirche von Fliegerbomben getroffen und stark beschädigt. Von den Menschen, die zu der Zeit im Gewölbe Schutz suchten, wurde niemand verletzt.

Heute hat man den größten Teil der Zwischenwände wieder entfernt und man kann die hervorragende Akustik der Räume erleben. Sie werden für Konzerte und Theateraufführungen genutzt. Eine Ausstellung informiert über die Kirchengeschichte.

The Hamburg Project
Die Grindelhochhäuser

Nach dem Zweiten Weltkrieg sollte Hamburg zum Hauptquartier der britischen Besatzungszone ausgebaut werden. Hierfür plante man den Bau mehrerer neuer Wohn- und Verwaltungsgebäude. Als Bauplatz wählte man das im Krieg nahezu völlig zerstörte jüdische Viertel auf dem Grindelberg im Stadtteil Harvestehude. Im Juli 1946 begann man mit den Bauarbeiten für das so genannte Hamburg Project. Jedoch beschlossen die westlichen Alliierten kurz darauf, ihr gemeinsames Hauptquartier in Frankfurt am Main zu errichten, und so wurden die Arbeiten am Grindel erst einmal gestoppt.

1948 entschied sich die Stadt Hamburg zum Weiterbau der Anlage und errichtete auf den bereits fertig gestellten Fundamenten zwölf Hochhausscheiben. Es war die erste Hochhaussiedlung Deutschlands. Die bis zu fünfzehn Geschosse hohen Gebäude boten Platz für über 5.000 Bewohner. Es entstanden rund 2.000 Wohnungen von unterschiedlicher Größe sowie öffentliche Einrichtungen, wie z. B. das Bezirksamt Eimsbüttel, das bis heute hier zu finden ist. Für die Planung des Groß- und Renommierprojektes beschäftigte man Architekten, die während der NS-Zeit kaum oder gar nicht gearbeitet hatten und somit als politisch unbelastet galten. Es waren Bernhard Hermkes, Rudolf Jäger, Rudolf Lodders, Albrecht Sander, Ferdinand Streb, Fritz Trautwein und Hermann Zess. Die Gebäude, die sie entwarfen, waren für die damalige Zeit außerordentlich komfortabel und modern.

Die Architektur war der klassischen Moderne der 1920er Jahre verpflichtet. Obwohl die Zeilenbauten sich auf den ersten Blick sehr ähnlich sehen, ist jeder individuell gestaltet. Man mied dabei den in Hamburg viel verwendeten roten Backstein, zugunsten heller gelber Klinker. Trotzdem stießen die Bauten damals nicht nur auf Gegenliebe und polarisieren bis heute. Ihre Gegner empfinden sie als seelenlose Wohnmaschinen, ihre Fans loben ihre zeitlose Modernität und die grazil gestalteten Fassaden.

Medienstadt am Hafen
Das Verlagsgebäude von Gruner + Jahr

Bereits in den 1970er Jahren erwog Europas größtes Verlagshaus, seinen Hauptsitz vom Alsterufer an den Hafenrand zu verlegen. 1983 wurde ein Architektenwettbewerb für ein Grundstück am Baumwall ausgelobt. Die Architektengemeinschaft von Otto Steidle und Uwe Kiessler errang dabei nur den zweiten Platz, erhielt aber dennoch den Auftrag. Erst sieben Jahre später war der Bau bezugsfertig. Er erregte großes Aufsehen und wurde kontrovers diskutiert. In einer Zeit, in der roter Backstein als Baumaterial in Hamburg nahezu Pflicht war, erschien das Gebäude aus Metall und Glas äußerst ungewohnt. Die beiden Münchner Architekten waren fasziniert von der Hafenlandschaft. Sie entwarfen ein Gebäude mit deutlichen Bezügen zur Umgebung. Die Fassaden aus Titanzink, die Relings und Außentreppen und die runden Fenster erinnern an Schiffe. Schräge Bockstützen lassen an Hafenkräne denken, oder an das nahe Hochbahnviadukt. Die beträchtliche Baumasse ist kleinteilig gegliedert. Der Komplex wirkt wie eine „Stadt in der Stadt". Es gibt Straßen und Plätze, Höfe und Grünflächen. Ein 40 Meter hoher Turm mit Konferenzräumen bildet das Zentrum.

Obwohl der Neubau eigentlich großzügig bemessen war, benötigte der wachsende Verlag bald zusätzliche Räumlichkeiten. Man hoffte auf das angrenzende Grundstück eines Yachtausrüsters, das nur mit einem eingeschossigen Schuppen bebaut war. Doch der Eigentümer sträubte sich gegen einen Verkauf, trotz hoher Geldsummen, die ihm geboten wurden. Erst nach gut zwanzig Jahren, als der Inhaber verstorben war, verkauften die Erben und der Flachbau wurde abgerissen.

Auf dem Dach des Yachtausrüsters hatte über sechzig Jahre lang eine Statue des griechischen Gottes Hermes – dem Schutzgott der Kaufleute – gestanden. Die Figur erfreut sich einer so großen Beliebtheit als Fotomotiv, dass sie daher vor dem benachbarten Verlagsgebäude wieder aufgestellt wurde.

Das begehrte Grundstück erwartet nun seine Wiederbebauung.

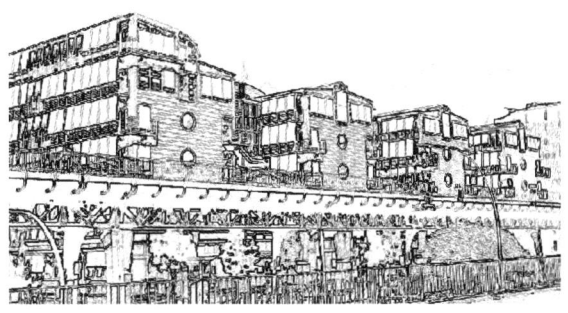

Hagenbeck und Brehm
Die Hamburger Zoos

Das Gelände, auf dem sich heute der Park Planten un Blomen befindet, wird unter anderem durch zwei Straßen begrenzt: Die Tiergartenstraße und die Straße Bei den Kirchhöfen. Die beiden Straßennamen erzählen bildhaft von der Geschichte des Areals. Hier befanden sich einst die „Kirchhöfe vor dem Dammthore" der sieben Hamburger Hauptkirchen. Sie wurden in den 1930er Jahren des 20. Jahrhunderts geräumt. Nördlich von ihnen wurde 1883 Hamburgs erster Zoologischer Garten eröffnet. Sein Direktor war Alfred Edmund Brehm. Während seiner Amtszeit verfasste er das berühmte Buch „Brehms Tierleben", ein zoologisches Nachschlagewerk, das ihm zu Weltruf verhalf. Bis 1930 existierte der Tierpark, der auch über das erste deutsche Meerwasseraquarium verfügte.

Bereits 1848 hatte der Fischhändler Gottfried Claes Carl Hagenbeck seinen Tierhandel begründet. Diesen verband er mit gelegentlichen Tierschauen. Sein Sohn Carl Hagenbeck übernahm 1866 das Unternehmen und baute es zum größten seiner Art in Deutschland aus. Jährlich schickte er mehrere Expeditionen zum Tierfang in ferne Länder aus und belieferte Fürstenhöfe in der ganzen Welt. Auch ein Zirkus, eine damals sehr populäre Unterhaltungsform, wurde von ihm gegründet. Als einer der Ersten wandte er die „zahme Dressur" an, bei der die Tiere nicht durch Bestrafung, sondern durch Belohnung abgerichtet wurden. Am 5. Mai 1907 eröffnete er in Stellingen „Hagenbecks Tierpark". Auch hier führte er eine Neuerung ein. Es war der weltweit erste Zoo mit Gehegen ohne Gitter. Eine Idee, die er sogar als Patent anmeldete.

1943 wurde der Park durch Bombenangriffe weitgehend zerstört. Er wurde wieder aufgebaut und vergrößert. Bei der Beseitigung der Trümmer sollen Elefanten aus dem Zoo geholfen haben.

Warum Hamburg?

Die Hammaburg

Wie kam Hamburg eigentlich zu seinem Namen? In der Tat gab es hier einmal eine Burg: die Hammaburg. Der Name leitet sich von dem altsächsischen Wort „Ham" oder „Hamme" ab, das ein erhöhtes Gelände in einem Sumpfgebiet bezeichnet. Die Burg bestand aus einem rechteckigen Erdwall von etwa 15 Metern Breite, der ungefähr einen Hektar Land umfasste. Er diente der kleinen Siedlung an der Alster als Fluchtburg. Der Ort war ein Vorposten für die Christianisierung der heidnischen Stämme des Nordens.

Innerhalb des Walls stand die hölzerne Marienkirche, die Karl der Große 812 als Taufkirche hatte errichten lassen, außerdem ein Kloster der Benediktiner und der Königshof des Burggrafen. Die Hammaburg selbst fand im Jahr 832 erste schriftliche Erwähnung. Hamburgs erster Bischof, der später heilig gesprochene Ansgar, nutzte die Burg als Ausgangspunkt seiner Missionierungsaktivitäten.

Im Jahr 845 wurde die Hammaburg von über die Elbe eindringenden Wikingern zerstört. Doch der Name hatte Bestand und die Wälle wurden erneuert und vergrößert. Wo sich die Hammaburg genau befand, ist bis heute unklar. Man vermutete sie lange auf dem Gelände des heutigen Domplatzes.

Jedoch brachten mehrmalige Ausgrabungen an dieser Stelle keinen Beleg dafür. Die Wissenschaftler vermuten den Standort jetzt etwas weiter östlich zwischen Schopenstehl und Rosenstraße. Hier soll auf den Resten der Burg Hamburgs erste Stadtbefestigung entstanden sein: der „Heidenwall".

Amüsiermeile im Schussfeld
Der Hamburger Berg

Hamburgs berühmt-berüchtigter Stadtteil St. Pauli hat seinen Namen von der Kirche, die hier 1682 gebaut wurde. Die kleine Fachwerkkapelle war dem Apostel Paulus geweiht. Damals hieß die Gegend zwischen Hamburgs westlicher Stadtmauer und der Stadt Altona, noch „Hamburger Berg", denn das Gelände war einst äußerst hügelig.

Als die Kirche errichtet wurde, hatte man die Hügel bereits abgetragen. Hamburg begann 1616 damit, seine Befestigung auszubauen und man verwendete das gewonnene Material für die neuen Wallanlagen. Vor den Wällen wollte man ein freies Schussfeld haben, daher waren Ansiedlungen in dem Gebiet eigentlich verboten, gleichzeitig verbannte man jedoch die Gewerbe, von denen starker Lärm, Geruch oder Wasserverschmutzung ausgingen, hierher. Auch die Seilmacher, die Reepschläger, siedelten sich hier an, da sie in der Innenstadt nicht mehr ausreichend Platz fanden. Sie benötigten lange Bahnen zum Aufspannen ihrer Seile. Der Straßenname Reeperbahn zeugt heute noch davon.

Der Hamburger Berg entwickelte sich zur Vorstadt, in der sich all diejenigen niederließen, die in der Innenstadt nicht erwünscht waren, auch Schankwirtschaften, Amüsierbetriebe und Prostitution zählten dazu. Hier also liegt der Ursprung des heutigen Vergnügungs- und Rotlichtbezirkes.

Als in den Jahren 1813 bis 1814 die Truppen Napoleons die Hansestadt besetzten, zerstörten sie die Vorstadt vollständig. Das freie Schussfeld sollte wiederhergestellt und die Befestigungsanlagen, die die Hamburger bereits abzutragen begonnen hatten, erneuert werden. Doch kaum waren die Franzosen abgezogen, begann der zügige Wiederaufbau. Knapp zwanzig Jahre später wurde die Vorstadt in das Hamburger Stadtgebiet aufgenommen und trägt seither den Namen „St. Pauli".

Ohne Hinterhof
Die Hamburger Burgen

In den Jahren 1898 bis 99 errichtete der „Bau- und Sparverein zu Hamburg" im Stellinger Weg in Eimsbüttel ein Mietshaus mit 98 Wohnungen und acht Läden. Die Anlage hatte eine für die damalige Zeit ungewöhnliche Grundrissform. Statt eine geschlossene Straßenfront zu erzeugen, ließ Architekt Richard Just den Baukörper u-förmig zurückspringen.

Anders als bei den damals üblichen Mietshäusern entstand hier kein abgeschlossener Innenhof, sondern ein sich zur Straße öffnender Vorhof. So war es möglich, allen Wohnungen Fenster nach Vorn zu geben und trotzdem eine wirtschaftliche Ausnutzung des Grundstücks zu gewährleisten. Gute Belichtung und Belüftung waren um die Jahrhundertwende Hauptziele fortschrittlichen Bauens, und Justs Entwurf erfüllte diese Forderungen optimal.

Der noch heute existierende Bau- und Sparverein war genossenschaftlich organisiert. Sein Anliegen war es, Arbeitern und Angestellten für geringe Mieten gute Wohnungen zur Verfügung zu stellen. Mit der neuen Bauform, die bald im Volksmund „Burg" genannt wurde, war man außerordentlich erfolgreich. Auch andere Bauträger übernahmen sie und errichteten ähnliche Anlagen in ganz Hamburg. Das Gebäude in Eimsbüttel erhielt auf der Pariser Weltausstellung von 1900 eine Silbermedaille.

Ein neues Stadtviertel im Bau
Die Hafencity

Der Hamburger Hafen war und ist in einem ständigen Wandel. Der wachsende und stetig schneller werdende Umschlag von Containern und immer größere Schiffe mit mehr Tiefgang erfordern eine Umstrukturierung der Hafenanlagen. Hierbei werden Flächen frei, die für andere Nutzungen zur Verfügung stehen. Ein Vorgang, der bei allen großen Häfen der Welt zu beobachten ist. Prominentes Beispiel für diese Entwicklung sind die „Docklands" in London, wo ehemalige Hafenflächen seit den 1980er Jahren in ein weitläufiges Wohn-, Büro- und Geschäftsviertel umgebaut wurden. Dieses Vorbild hatte man im Sinn, als Hamburg 1997 beschloss, das Gelände des Grasbrook- und des Sandtorhafens neu zu ordnen und eine "Hafencity" zu errichten. Der im Jahr 1999 ausgeschriebene städtebauliche Planungswettbewerb führte zu einem Masterplan. Diesen gewann eine ganze Gruppe von Architekten: Der Niederländer Kees Christiaanse zusammen mit dem Kölner Büro ASTOC Architects and Planners sowie die Hamburgplan AG, eine Arbeitsgemeinschaft mehrerer renommierter Hamburger Architekturbüros und Freiraumplaner.

Auf einer Gesamtfläche von 157 Hektar wird in der Zukunft ein eigener Stadtteil entstehen. Nahezu 6.000 Wohnungen sollen neu gebaut werden und 45.000 Menschen einmal hier arbeiten. Die Realisierung erfolgt in zehn Abschnitten. So sollen Quartiere mit eigenständigem Charakter entstehen. Historische Strukturen und Gegebenheiten wie die nördlich angrenzende Speicherstadt bezog man in das Konzept mit ein. Damit ein lebendiges Stadtviertel entsteht, setzt man auf die Mischung verschiedener Nutzungen. Wohnen und Arbeiten, Kultur- und Freizeitnutzungen sollen eng miteinander verbunden werden. Herausragende Objekte wie das Konzerthaus „Elbphilharmonie" oder die „HafenCity Universität für Baukunst und Metropolenentwicklung" stellen zudem Anziehungspunkte dar.

Kaiser Wilhelm und die Bahn
Der Hamburger Hauptbahnhof

Der Bau von Hamburgs erster Eisenbahnlinie, der Strecke Hamburg - Bergedorf, wurde 1840 begonnen, fünf Jahre nachdem die allererste deutsche Eisenbahn zwischen Nürnberg und Fürth verkehrte. Der junge britische Ingenieur William Lindley, der später auch Hamburgs Kanalisation entwickelte, war für die Realisierung verantwortlich. Am 7. Mai 1842 sollte die feierliche Eröffnung stattfinden. Doch dazu kam es nicht. Zwei Tage vor dem geplanten Festakt brach der Große Hamburger Brand aus und verwüstete weite Teile der Innenstadt. So wurde der Betrieb verspätet und ohne Feierlichkeiten aufgenommen.

Es folgten rasch weitere Bahnlinien, und bald gab es in der Stadt vier Bahnhöfe. Es waren jeweils die Endstationen der Strecken nach Altona, Berlin, Hannover und Lübeck. Als 1885 die bis dahin privaten Linien in Besitz des Preußischen Staates übergingen, war der Weg frei für einen Zentralbahnhof.

Im Jahr 1900 wurde ein Wettbewerb für ein Bahnhofsgebäude ausgeschrieben. Diesen gewannen die Architekten Heinrich Reinhardt und Georg Süßenguth aus Berlin. Kaiser Wilhelm II. gefiel deren erster Entwurf jedoch nicht. Mehrfach drängte er auf Änderungen zu Gunsten stärkerer Monumentalität. Das Ergebnis ist von beeindruckender Größe. Die Mittelhalle aus Eisen und Glas hat die beachtliche Spannweite von 73 Metern und eine Höhe von 37 Metern. Zwei 45 Meter hohe Uhrentürme aus Tuffstein flankieren sie.

Im Dezember 1906 fuhr der erste Zug in den neuen Bahnhof ein. Von da an stieg der Verkehr ständig. Bereits 1907 hielten hier täglich über 200 Züge. Heute sind es mehr als 800. Der Hamburger Hauptbahnhof ist mit 45.000 Reisenden am Tag der meistfrequentierte Personenbahnhof Deutschlands. Der erste Hochgeschwindigkeitszug lief hier 1932 ein. Der „Fliegende Hamburger" benötigte für die Strecke Berlin-Hamburg nur knapp über zwei Stunden und galt damit als der schnellste Reisezug der Welt.

Dänische Moderne im Grünen
Das HEW-Hochhaus in der City Nord

In den 1950er und 60er Jahren erlebte Hamburg einen Aufschwung. Es war die Zeit des Wirtschaftswunders nach dem Zweiten Weltkrieg. Immer mehr und immer größere Büroflächen wurden benötigt. Die Innenstadt, die sich bereits zu einem Geschäftsviertel entwickelt hatte, bot bald nicht mehr genug Platz für große Unternehmen. Diese forderten die Bereitstellung von Flächen und drohten, aus Hamburg wegzuziehen. Da man die Wohngebiete vor einem Übermaß an gewerblicher Nutzung und dem damit einhergehenden Verkehr schützen wollte, kam die Idee einer neuen Bürostadt zur Entlastung des Stadtzentrums auf.

Ein ehemaliges Kleingartengelände nahe dem Stadtpark eignete sich besonders gut für die neue Geschäftsstadt. Viel Grün sollte sie haben und die Architektur von hoher Qualität sein. Für das „City Nord" getaufte Areal wurde ein flexibler städtebaulicher Rahmenplan entworfen, der den Unternehmen größtmögliche Freiheit für die Ausgestaltung ihrer Gebäude ließ. Das Projekt war äußerst ambitioniert und galt damals als eines der größten Neubauvorhaben Europas. Um den hohen Qualitätsanspruch zu wahren, verpflichtete man die Bauherren dazu, Architekturwettbewerbe auszuschreiben.

Die Hamburgischen Electricitäts-Werke (HEW - heute Vattenfall) machten den Anfang. Den Wettbewerb gewann der Däne Arne Jacobsen, der damals bereits ein bekannter Architekt war. Er gilt heute als einer der wichtigsten Vertreter der Dänischen Moderne des 20. Jahrhunderts. Auf seinen, wegen ihrer Form „Ameise" genannten, Holzstühlen hat wohl jeder schon einmal Platz genommen.

Bei dem 1969 eröffneten Hochhaus in der City Nord wird das Bauvolumen in vier schlanke Scheiben gegliedert. Außen wie innen strahlt es eine kühle Eleganz aus. Alles wirkt sehr aufgeräumt und geordnet. Von seiner Modernität hat das Gebäude bis heute nichts verloren. Es ist Jacobsens größter Bau und der letzte, dessen Fertigstellung er noch erlebte.

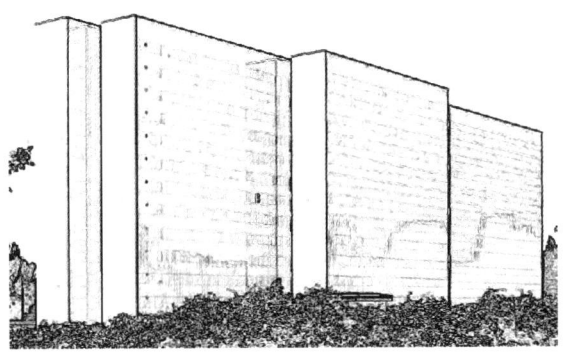

Ein Schloss an der Alster
Das Hotel Atlantic

Als das Hotel Atlantic am 2. Mai 1909 mit einem Gala-Dinner eröffnet wurde, war das ein gesellschaftliches Ereignis. Alles, was in der Hansestadt Rang und Namen hatte, war gekommen. Unter den Gästen war auch Albert Ballin, seines Zeichens Generaldirektor der Hamburg-Amerika Linie HAPAG. Und so wurde es bald üblich, dass die Passagiere der Ersten Klasse der Ozeandampfer aus Amerika in dem neuen Grand Hotel an der Außenalster abstiegen.

Der Name des Hauses „Atlantic" kündet von dieser Verbindung zur Seefahrt, doch ist dies auch der Vorname seines ersten Direktors. Dieser hieß nämlich Atlantic Drasto. Das „Weiße Schloss an der Alster" wurde bald zu einer Institution in der Stadt und zählte zu den besten Hotels der Welt. Unter den Gästen waren Könige, Kaufleute und Künstler. Der Kaiser von Japan stieg hier ebenso ab wie General Charles de Gaulle, die Rolling Stones oder Michael Jackson. Der britische Kronprinz Edward of Wales und sein Bruder George, Herzog von Kent, sollen mit Hoteldirektor Geyer einen Reeperbahnbummel gemacht haben. Und der Pianist Vladimir Horowitz spielte, damals noch unbekannt, im Festsaal des Hotels, als ein Kollege erkrankte. Horowitz sprang für ihn ein und gab ein Konzert in der Musikhalle, das seinen späteren Weltruhm mitbegründete.

Prominenter Dauergast ist der Rockmusiker Udo Lindenberg, der seit 1995 eine eigene Suite im Atlantic bewohnt. Auch in Kriegszeiten wurde der Hotelbetrieb aufrecht erhalten. Während des Zweiten Weltkrieges war auf den Speisekarten zu lesen: „Die Möglichkeit eines Flieger-alarms zwingt uns, unsere verehrten Gäste um sofortige Bezahlung zu bitten." Derzeit wird das Hotel umfangreich saniert. In den letzten Jahren wurden wohl notwendige Renovierungen verschleppt. Ein Umstand, der 2008 dem Hotel die Mitgliedschaft bei den „Leading Hotels of the World" gekostet hat. Doch bald wird das Haus in neuem Glanz erstrahlen. Die Räumlichkeiten Udo Lindenbergs, so heißt es, sollen jedoch unangetastet bleiben.

Neues Bauen gegen die Wohnungsnot
Die Jarrestadt

In den Zwanziger Jahren des vorigen Jahrhunderts herrschte in Hamburg zunehmend Wohnungsnot. Außerdem waren die Wohnbedingungen der Arbeiterfamilien vielfach katastrophal. Um Abhilfe zu schaffen, entwickelte Hamburgs damaliger Oberbaudirektor Fritz Schumacher ein groß angelegtes Wohnungsbauprogramm. Ideal für ein neues Arbeiterquartier erschien ein Areal in Winterhude zwischen Goldbek- und Osterbekkanal, da es in der Nähe vieler Arbeitsplätze, wie etwa der Kampnagelfabrik, lag. Auch war der 1914 eröffnete Stadtpark schnell zu erreichen.

1926 wurde für das Gelände ein Wettbewerb ausgeschrieben, an dem nur Hamburger Architekten teilnehmen durften. Man wollte für die Bauaufgabe die 20 besten Architekturbüros der Stadt ermitteln. Den ersten Preis gewann Karl Schneider. Von ihm stammt der zentrale Komplex zwischen Stammstraße und Hanssensweg. Die Straßenführung des neuen Stadtviertels plante Schumacher selbst. Er machte auch die Vorgabe, roten Backstein als Fassadenmaterial zu verwenden, wodurch er einen Bezug zur norddeutschen Bautradition herstellen wollte. Auf einer Fläche von 10 Hektar entstanden Gebäude im sachlichen Stil des „Neuen Bauens" mit rund 1.800 Wohnungen. Sie waren familiengerecht konzipiert und hatten in der Regel 50 bis 60 Quadratmeter Wohnfläche. Damals galten sie als sehr komfortabel, denn jede Wohnung verfügte über eine eigene Küche, ein eigenes Bad und fließend warmes Wasser. Die gute Qualität der Anlage machte sie aber auch teuer und das eigentliche Ziel, erschwingliche Wohnungen für Arbeiterfamilien zu schaffen, konnte nicht wirklich erreicht werden. Die Mieten waren letztlich für die Löhne der Arbeiter zu hoch, so dass ein eher kleinbürgerliches Milieu entstand. Trotzdem war die Großsiedlung ein Erfolg. Von Anfang an prägten ein besonderes Gemeinschaftsgefühl und eine gelassene Atmosphäre das Viertel, für das sich bald die Bezeichnung „Jarrestadt" - nach der gleichnamigen Straße - einbürgerte.

Im Park des Reformers
Das Jenisch Haus

Caspar Voght war ein kultivierter Hanseat. Er lebte von 1752 bis 1839 und entstammte einer wohlhabenden Kaufmannsfamilie. Er unternahm zahlreiche Reisen durch Europa und sprach mehrere Sprachen. Obwohl er nach dem Tod seines Vaters dessen Unternehmen zusammen mit Georg Heinrich Sieveking erfolgreich führte, war er mehr an Gartengestaltung und Landwirtschaft interessiert, als am Kaufmannsberuf. Im Privatpark seiner Eltern hatte er bereits früh seine Neigung zu diesen Themen entdeckt. Sein weiteres Interesse galt der Bekämpfung der Armut. Für seine Leistungen auf diesem Gebiet wurde er von Kaiser Franz II. in den Adelstand erhoben.

Mehr und mehr überließ Voght seinem Partner die Leitung des Handelshauses und begann, in Klein Flottbek Ländereien aufzukaufen, bis er ein Gelände von rund 220 Hektar zusammen hatte. Hier legte er eine „ornamented farm" an, ein Mustergut, das gleichzeitig gärtnerisch gestaltet war und landwirtschaftlich genutzt wurde. Beim Betrieb des Gutes setzte er seine sozialreformerischen Ideen um. So gab es für die Landarbeiter eine Pensionskasse, eine Krankenversorgung und Lohnfortzahlung bei Krankheit - damals revolutionär neue Einrichtungen!

Bis ins Alter von 76 Jahren führte er den Betrieb, der mittlerweile seine gesamten Geldreserven aufgebraucht hatte. Schließlich verkaufte er die Ländereien an den befreundeten Hamburger Kaufmann und Senator Martin Johann Jenisch. Dieser beauftragte den jungen Architekten Franz Gustav Forsmann mit dem Entwurf eines Landhauses. Die ersten Entwürfe zeigte Jenisch dem berühmten Baukünstler Karl Friedrich Schinkel, der daraufhin ein komplett neues und viel größeres Landhaus entwarf, welches den Bauherrn aber nicht überzeugen konnte.

Forsmann überarbeitete seine Pläne und übernahm dabei einige Vorschläge Schinkels. Der ausgeführte Entwurf ist ein klassizistisches Herrenhaus von eleganter Schlichtheit.

Der Alterssitz des Piraten
Das Kaufmannshaus am Moorgraben 5

Johannes Trulsen war Hamburgs letzter Pirat. Anders als der berühmte Klaus Störtebeker machte er nicht die Ostsee unsicher, sondern die Gewässer Südostasiens. Er war der Spross einer Hamburger Kaufmannsfamilie und dazu bestimmt, einmal die Geschäfte des bedeutenden Handelshauses zu führen.

Im Jahr 1752 sandte man den damals neunzehnjährigen Johannes zur Ausbildung an das Kontor einer befreundeten Familie nach Antwerpen. Doch dem jungen Mann lag die trockene Arbeit nicht. Eines Tages setzte er sich kurzerhand ab und heuerte auf einem Handelsschiff mit Kurs auf Indonesien an. Die Zustände auf dem Segler müssen verheerend gewesen sein. Die Verpflegung war schlecht und unzureichend, der Kapitän ein Despot. Kurz nach der Umrundung des Kap der Guten Hoffnung kam es zur Meuterei. Johannes muss sehr überzeugend gewesen sein, denn obwohl er jung und noch unerfahren war, übernahm er das Kommando des Schiffes. Anfangs hatte er wohl noch vorgehabt, wie geplant Sumatra anzulaufen und dort den Kapitän den Behörden zu übergeben, aber im Golf von Bengalen begann er, andere Handelsschiffe aufzubringen. Zunächst ging es wohl nur darum, die ausgehungerte Mannschaft zu verpflegen, doch fand man bald Geschmack an der Seeräuberei. Über dreißig Jahre lang trieb Johannes Trulsen als der „Rote Hannes" sein Unwesen zwischen Malaysia und Sumatra. 1788 kehrte er in seine Heimatstadt zurück und ließ sich in dem Familiensitz am Moorgraben nieder. Obwohl die Holländer und verschiedene andere Nationen darauf drängten, wurde er nicht ausgeliefert. Zum einen waren keine Hamburger Schiffe ausgeraubt worden, zum anderen genoss der Pirat bald einiges Ansehen und erfreute die Hanseaten in den vornehmen Clubs mit seinen Abenteuergeschichten. Er wurde über neunzig Jahre alt. Das barocke Backsteinhaus am Moorgraben 5 wurde 1975 abgerissen und durch einen schlichten Neubau ersetzt. Von dem legendären Schatz des „Roten Hannes" fand man dabei nichts.

Der Kleine Michel
Die römisch-katholische Kirche St. Ansgar

Hamburgs Wahrzeichen, der Michel, hat einen kleinen Bruder. Eigentlich ist es sogar ein älterer Bruder, denn der heutige Bau steht dort, wo die Hauptkirche St. Michaelis ihren Ursprung nahm und ist damit ihr Vorläufer. Als um 1600 die Pest in Hamburg wütete, legte man außerhalb der Stadt einen Friedhof an, um die zahlreichen Toten bestatten zu können. Es wurde auch eine Kapelle errichtet, die man dem Erzengel Michael weihte. In der Umgebung siedelten sich zunehmend Menschen an, so dass ein neues Stadtgebiet, die Neustadt, entstand. Es bildete sich eine eigene Kirchengemeinde, die zunächst die Friedhofskapelle nutzte, bald aber ein größeres Gebäude benötigte. Dieser neue Bau entstand dort, wo heute das berühmte Wahrzeichen, der „große" Michel, seine Kupferhaube emporreckt.

Die nun nicht mehr benötigte alte Kirche verfiel und wurde 1747 abgerissen. Ein Fehler, wie sich bald herausstellte, denn drei Jahre später schlug ein Blitz in die Hauptkirche ein und der darauf folgende Brand zerstörte den Bau völlig. Da die Gemeinde nun ohne Gotteshaus dastand, baute man den „kleinen Michel" wieder auf und nutzte ihn als Notkirche bis zur Einweihung der neuen St. Michaeliskirche.

Als 1806 die Truppen Napoleon Bonapartes Hamburg besetzten, hielten sie in der Kleinen Michaeliskirche katholische Gottesdienste ab. Am 3. Februar 1911, dem Tag des Heiligen Ansgar, wurde sie auf den Namen dieses katholischen Heiligen, der Bischof von Hamburg und Bremen war, geweiht. Bis heute ist sie eine katholische Kirche geblieben. Das jetzige Kirchengebäude stammt jedoch aus den 1950er Jahren, da der barocke Bau 1945 Fliegerbomben zum Opfer fiel. Nach Plänen des Hamburger Architekten Gerhard Kamps und Jean-Charles Moreux aus Paris wurde sie auf den alten Grundmauern im Stil der damaligen Zeit wieder aufgebaut.

Wie Witwen wohnen
Die Krameramtsstuben

Ende des 14. Jahrhunderts schlossen sich Hamburgs Kleinhändler, die Kramer oder Krämer zu einer Vereinigung zusammen. Einen solchen Zusammenschluss, der ähnlich einer Zunft aufgebaut war, nannte man „Amt". Das Krameramt, dessen Mitglieder mit Stoffen, Gewürzen und auch Eisenwaren handelten, war eine recht wohlhabende Vereinigung. 1676 erwarb das Amt ein Grundstück am Fuß der St. Michaeliskirche und ließ dort Wohnungen für die Ehefrauen verstorbener Zunftbrüder errichten. Die Witwen durften dort mietfrei wohnen und erhielten neben Brennmaterial auch eine Rente. Allerdings war die Wohltätigkeit nicht ganz uneigennützig, denn Frauen durften das Geschäft nicht führen, und so hatte das Amt ein Interesse daran, dass die Ladenwohnungen wieder frei wurden, damit neue Krämer diese übernehmen konnten. Noch bis 1968 wurden die Krameramtsstuben als Altenwohnungen genutzt.

Die zwei Häuserzeilen gehören zu den ältesten erhaltenen Bauten Hamburgs und sind das letzte Beispiel einer Wohnhofanlage aus dem 17. Jahrhundert. Diese Bauweise war einst typisch für Hamburg. Der schmale Gang zwischen den Hofhäusern vermittelt einen Eindruck von den berühmt-berüchtigten Gängevierteln, die bis zum Anfang des 20. Jahrhunderts die Innenstadt prägten.

Eine der Amtsstuben ist mit ihrer Einrichtung erhalten und kann besichtigt werden.

Ein Schloss an der Elbe
Das Landhaus Baur

Um das Jahr 1806 ließ sich der Altonaer Kaufmann Johann Heinrich Baur ein Landhaus errichten. Er erwarb hierzu ein weitläufiges Grundstück in Nienstedten, einem der Elbvororte westlich von Hamburg. Es grenzte an die heutige Elbchaussee, die damals lediglich ein einfacher Sandweg war. Für den Entwurf des Hauses verpflichtete er den dänischen Architekten Christian Frederik Hansen. Dieser war 1784 als Landbaumeister für Holstein und Altona an die Elbe gekommen und fand hier wohlhabende Bürger als Auftraggeber, die sich von ihm ihre Landsitze errichten ließen.

Hansen pflegte bei seinen Bauten einen eleganten Klassizismus und gilt Vielen als einer der einflussreichsten Vertreter dieser Stilrichtung in Nordeuropa. Beim Baurschen Landhaus nahm er sich die Villa „La Rotonda" bei Vicenza zum Vorbild, die der italienische Renaissance-Architekt Andrea Palladio im 16. Jahrhundert entwarf. Sie basiert auf den Grundformen Quadrat und Kreis. Die zentrale Rotunde ist mit einer Kuppel überwölbt, und verweist damit auf römische Rundtempel wie das Pantheon. Das Landhaus an der Elbe wirkte auf die Zeitgenossen so herrschaftlich, dass der Volksmund ihm den Namen „Elbschlösschen" gab. Der Bauherr konnte sich allerdings nicht lange an seinem Domizil erfreuen. Er starb bereits ein Jahr nach der Fertigstellung im Alter von nur 40 Jahren. Den Besitz übernahm sein jüngerer Bruder Georg Friedrich Baur. 1881 erstand eine frisch gegründete Brauerei das Anwesen. Bei deren Namensgebung ließ man sich von dem Landsitz inspirieren: Die „Elbschloss-Brauerei" wurde ins Leben gerufen. Auf dem Gelände entstanden neue Brauereigebäude und das alte Landhaus nutzte man als Direktorenvilla. Bis 1996 wurde hier Bier gebraut. Von den Brauereianlagen sind heute lediglich das Gebäude der Mälzerei und die Fassade des ehemaligen Brauereiausschanks erhalten. Das klassizistische Landhaus ist restauriert und dient seit 2001 einer Stiftung als Hauptsitz.

Seefahrerromantik und ein Bahnhof für Schiffe
St. Pauli Landungsbrücken

St. Pauli Landungsbrücken! Kaum einen Ort verbindet man so stark mit Hamburg wie diesen. Er steht für Fernweh, Seefahrerromantik und Hafenflair, ist Schauplatz von Filmen und Fernsehserien und wird in Liedern besungen. Hier kommt der Passant am ehesten mit dem Hafengeschehen in Berührung.

Der erste Schiffsanleger an dieser Stelle wurde 1839 errichtet. Er war den damals aufkommenden Dampfschiffen vorbehalten. Da man die Brandgefahr, die von den mit Kohle befeuerten Maschinen ausging, fürchtete, wurde der Anleger am Rand des bestehenden Hafens angelegt. Hier stand auch ausreichend Platz für die Lagerung der notwendigen Kohlevorräte zur Verfügung. Seine heutige Struktur erhielt die Anlage ab dem Jahr 1907. Für die Personenschifffahrt nach Übersee wurde ein regelrechter „Schiffsbahnhof" angelegt. Das Abfertigungsgebäude aus Tuffstein wurde nach den Entwürfen der Architekten Ludwig Raabe und Otto Wöhlecke gebaut.

Es ist ein Beispiel des Hamburger Reformstils, mit dem man versuchte, die zuweilen überladenen Formen des vorherrschenden Historismus und des Jugendstils zu überwinden und zu einer schlichteren, aber trotzdem repräsentativen Architektur zurückzufinden. Die für diesen Baustil typischen Bauplastiken stammen von dem Bildhauer Arthur Bock. Den markanten Abschluss der Anlage bildet der Uhrenturm. An ihm kann nicht nur die Zeit abgelesen werden, sondern auch der Wasserstand der Elbe. Die Landungsbrücken waren lange Sinnbild von Hamburgs Selbstverständnis als Tor zur Welt. Hier begannen zahlreiche Reisende, darunter viele Auswanderer, ihre Fahrt nach Übersee. Heute legen hier allerdings schon lange keine Ozeanriesen mehr an, doch ist die Personenschifffahrt keinesfalls tot. Im Gegenteil, die Branche boomt, wenn auch in veränderter Form. Für die steigende Zahl der Kreuzfahrtschiffe wurden zwei neue Fährterminals in Altona am Fischereihafen und in der HafenCity errichtet.

Hamburgs Außenposten im Wattenmeer
Der Leuchtturm auf Neuwerk

Etwa 120 Kilometer nordwestlich von Hamburg mündet die Elbe in die Nordsee. Vor der Elbmündung liegt mitten im Wattenmeer die Insel Neuwerk. Man kann sie nur mit dem Schiff erreichen, oder bei Ebbe zu Fuß über das Watt. Doch dieses entlegene Inselchen, auf dem etwa 40 Menschen leben, ist ein richtiger Hamburger Stadtteil - und das bereits seit 700 Jahren! Die strategisch günstige Lage vor der Mündung der Elbe, Hamburgs Lebensader, machte die Insel äußerst wertvoll für die Hansestadt. Um diesen Außenposten zu sichern, wurde zwischen 1300 und 1310 ein sehr massiver Wehrturm errichtet. Der 35 Meter hohe Turm diente als Schutz vor Seeräubern und als Orientierungspunkt für die Schiffahrt. Ab dem 17. Jahrhundert wurde bei Nacht in der Nähe des Turmes ein offenes Feuer entzündet. Anhand dieser „Feuerblüse" konnten die Schiffe auch im Dunkeln ihre Position bestimmen. Den ersten richtigen Leuchtturm ließen die Hamburger um 1805 bei Cuxhaven errichten. Er wird heute noch „Hamburger Leuchtturm" genannt.

Im September 1814 erstrahlte dann auch auf dem alten Wehrturm von Neuwerk ein Leuchtfeuer. Der Hamburger Feinmechaniker Johann Georg Repsold konstruierte die Anlage. Mit Öllampen und 21 Parabolspiegeln wurde der Lichtstrahl erzeugt. Bis heute ist das Seezeichen in Betrieb, allerdings nicht mehr mit Öl, sondern mit elektrischem Strom. Das Bauwerk ist das älteste Profanbauwerk Hamburgs sowie der gesamten deutschen Küste.

In unmittelbarer Nähe des Leuchtturmes liegt eine weitere Besonderheit: Der „Friedhof der Namenlosen". Hier wurden die unbekannten Toten bestattet, die die See angespült hatte. Schlichte Holzkreuze markieren ihre Gräber.

Ein Hof und drei Türme
Die Mundsburghochhäuser

Um das Jahr 1720 herum erwarb Johann Hinrich Mund, ein Weinhändler aus Hamburg, einen der beiden Immenhöfe vor den Toren der Stadt. Er benannte sein Anwesen nach sich selbst „Mundtsburg", und bald stand der Name für das ganze Gelände. Den Damm, der das damals sumpfige Gebiet schützte, kann man heute im Stadtplan als „Mundsburger Damm" wiedererkennen und auch der „Immenhof" hat sich als Straßenname erhalten.

Heute wird das Areal geprägt von drei Hochhaustürmen, die mit ihren 90m bis 100m zu den höchsten der Stadt gehören. Der Entwurf stammt von den Hamburger Architekten Garten, Kahl und Bargholz. 1973 wurden die ersten zwei Türme fertig gestellt, 1975 folgte ein dritter. Das niedrigere der drei Häuser enthält Büros, die beiden anderen Wohnungen mit ein bis zwei Zimmern. Sie waren damals äußerst modern und luxuriös angelegt. Es gibt einen Partyraum im obersten Stockwerk und es gab sogar ein Schwimmbad in der vierten Etage, das aber heute nicht mehr existiert. Die Hochhäuser stehen auf einem ausgedehnten Sockel, der ein Einkaufszentrum beherbergt. Es galt zu seiner Bauzeit in den 1970er Jahren als das größte im Land. Ende der Neunzigerjahre fanden umfangreiche Umbau- und Sanierungsmaßnahmen statt. Unter anderem wurde ein Multiplexkino installiert. Diese Maßnahmen haben den Bau nicht unbedingt verschönert und einen architektonischen Stilmix erzeugt.

Das Konzept, Hochhäuser mit Wohnungen gehobenen Standards zu errichten, hat sich in Deutschland nie so recht durchgesetzt. Die Wohnhochhäuser auf der Mundsburg blieben somit auch in Hamburg ein Einzelfall.

Mundsburghochhäuser

Portale und Piraten
Das Museum für Hamburgische Geschichte

Das Museum für Hamburgische Geschichte, heute kurz „Hamburgmuseum" genannt, ist mit seinen zahlreichen Außenstellen das größte dieser Art in Deutschland. Seine Sammlung geht zurück auf die Bemühungen des Vereins für Hamburgische Geschichte, der seit dem Abriss des Hamburger Domes im Jahr 1839 zahlreiche Architekturfragmente sicherstellte. Das Gebäude wurde zwischen 1914 und 1922 nach Plänen des bedeutenden Architekten und Hamburger Oberbaudirektors Fritz Schumacher errichtet. Es steht an der Stelle, an der sich einst die Bastion Henricus befand, ein Teil der barocken Wallanlagen. Schumacher integrierte zahlreiche Fragmente historischer Gebäude in die Backsteinfassade des Museums. Unter diesen „Spolien" befindet sich beispielsweise das 1605 geschaffene Südportal der Hamburger Hauptkirche St. Petri, die beim Großen Hamburger Brand 1842 zerstört wurde. Sehenswert für Freunde der modernen Ingenieurbaukunst ist das Glasdach über dem Innenhof des Museums. Der Architekt Volkwin Mark und der Ingenieur Jörg Schlaich haben hier 1989 eine Konstruktion geschaffen, die in ihrer Filigranität bis heute Maßstäbe setzt.

Die Sammlung selbst bietet einen Überblick über die Geschichte Hamburgs von den Anfängen bis zur Gegenwart. Eines der prominentesten Exponate ist ein 600 Jahre alter Schädel, der dem Piraten Klaus Störtebeker zugeschrieben wird. Dieser soll zusammen mit seinen Kumpanen vor den Toren der Stadt enthauptet worden sein. Der Legende nach soll ihm der Bürgermeister versprochen haben, den Kamaraden, an denen er kopflos vorbeilaufen könne, die Freiheit zu schenken. An elf Piraten soll er entlang geschritten sein, bis ihn der Henker ein Bein stellte. Die Hamburger mussten in jüngster Zeit ein gutes Jahr ohne den berühmten Piratenschädel auskommen. Unbekannte hatten diesen im Januar 2010 entwendet. Erst im März 2011 erhielt das Museum seine Hauptattraktion zurück.

Ein Mahnmal gegen den Krieg
Die Nikolaikirche

An der verkehrsreichen Willi-Brandt-Straße in der Hamburger Neustadt stehen die Reste einer imposanten Kathedrale. Es sind die Ruinen der Nikolaikirche. Ihre Geschichte ist gekennzeichnet durch Zerstörung und Wiederaufbau und reicht zurück bis ins 12. Jahrhundert. Damals gab es nahe dem heutigen Standort eine kleine Kapelle, die dem Heiligen Nikolaus geweiht war, dem Schutzpatron der Seefahrer.

Mitte des 13. Jahrhunderts errichtete man eine dreischiffige Hallenkirche aus Backstein. Mehrfach wurde diese durch Brand, Blitzschlag und Sturm schwer beschädigt. Der 1517 errichtete Turm gehörte mit über 150 Metern Höhe eine Zeit lang zu den höchsten der Welt, bis er 1589 einem Brand zum Opfer viel.

Beim Großen Hamburger Brand 1842 wurde die Kirche vollends zerstört. Doch bereits 1844 wurden Spenden gesammelt und ein Architektenwettbewerb für einen Neubau ausgeschrieben. Der große Gottfried Semper, Architekt der Dresdner Oper und des Wiener Burgtheaters, gewann den Wettbewerb mit einem Vorschlag in Anlehnung an die italienische Renaissance. Beauftragt wurde jedoch der Engländer Sir George Scott. Sein Entwurf im damals populären neugotischen Stil mag den Hamburgern passender erschienen sein.

1863 konnte die Kirche eingeweiht werden und 1874 war auch der neue Turm vollendet.

Bei den Luftangriffen von 1943 wurde die Kirche schwer beschädigt, jedoch nicht so, dass ein Wiederaufbau unmöglich gewesen wäre. Dennoch entschied man sich, lediglich den Turm als Mahnmal zu erhalten.

Die neue Kirche St. Nikolai errichtete man 1956 am Klosterstern im Stadtteil Harvestehude. Den Bau mit dem freistehenden Glockenturm und dem kelchförmigen Kirchenraum entwarf Gerhard Langmaack zusammen mit seinem Sohn Dieter.

Nikolaikirche

Blockhaus im Walddorf
Die Norwegerhäuser in Wohldorf-Ohlstedt

Im Nordosten Hamburgs, im gutbürgerlichen Wohldorf-Ohlstedt, findet sich eine Gruppe von Häusern, die man eigentlich in weitaus nördlicheren Gefilden erwarten würde. Es sind echte norwegische Blockhäuser. Aus dunklem Holz mit weißen Fensterrahmen wirken sie in diesem sehr grünen Stadtteil – er gehört zu den so genannten sechs Walddörfern – als befänden sie sich in ihrer natürlichen Umgebung. Es gibt insgesamt drei Siedlungen. Am Ohlstedter Stieg steht ein Ensemble aus fünfzehn niedrigen Einfamilienhäusern mit den traditionellen Grasdächern. Etwas südöstlich, am Sarenweg, liegen weitere fünf. Die dritte Siedlung an der Sthamerstraße besteht aus zweigeschossigen Doppelhäusern, diese jedoch ohne Grasdächer.

Allesamt wurden sie in der Zeit zwischen 1943 und 1945 erbaut und sollten nach den schweren Bombenangriffen auf Hamburg einigen NS-Parteifunktionären Unterkunft bieten. Die vorgefertigten Holzbauteile wurden direkt aus Norwegen importiert. Dies hatte in den Augen der Nazis einen doppelten Vorteil: Das nordische Erscheinungsbild entsprach ihrer Ideologie und es musste kein schweres Baumaterial verwendet werden, das andernorts dringender gebraucht wurde. Als Beispiel nationalsozialistischen Wohnungsbaus stehen die Häuser heute unter Denkmalschutz.

Entworfen hat sie der Hamburger Architekt Werner Kallmorgen, der nach dem Krieg bis Ende der siebziger Jahre ein äußerst produktives Büro führte und zahlreiche öffentliche und private Bauten entwarf; unter anderem die Hochhäuser für IBM und den „Spiegel" an der Ost-West-Straße.

Scheef as den Schipper sien Been
Die Oberhafenkantine

Zwischen der Stockmeyerstraße und der zweistöckigen Oberhafenbrücke liegt ein im wahrsten Sinne „schräges" Gebäude. Das kleine Backsteinhaus ist seit seiner Erbauung vor über 80 Jahren immer weiter abgesackt, so dass es nun mit schwerer Schlagseite auf der Kaimauer liegt. Die Oberhafenkantine ist die letzte der so genannten „Kaffeeklappen", die einst das Bild des Hamburger Hafens prägten. Hier verpflegten sich die Hafenarbeiter mit Frikadellen, Kartoffelsalat oder belegten Broten, um für ihren harten Arbeitsalltag gerüstet zu sein. Der Bau wurde 1925 vom Kantinenwirt Herrmann Sparr in Auftrag gegeben. Der Architekt Willy Wegner zeichnete die Pläne im Stil des norddeutschen Klinkerexpressionismus. Im gleichen Baustil und zur selben Zeit entstand auch das berühmte Chilehaus. Dessen Unmengen an Ziegelsteinen wurden durch den Oberhafen verschifft, und so will es das Gerücht, dass sich einige dieser Steine in dem Kantinenbau wiederfinden.

Die gute Seele des Lokals war Sparrs Tochter Anita, die seit ihrem zwölften Lebensjahr dort arbeitete - mehr als 70 Jahre lang. Kurz nach ihrem Tod im Jahr 1997 wurde die Kantine wegen Einsturzgefahr geschlossen und stand einige Jahre leer. Erst 2005 wurde das mittlerweile unter Denkmalschutz stehende Gebäude saniert und ein Jahr später als Restaurant wieder eröffnet. Bis 2007 führte es die Mutter eines bekannten Fernsehkochs. Der jetzige Küchenchef soll schon bei Anita als Aushilfe gearbeitet haben - ein echter Traditionsbetrieb!

Zu besonderen Ehren gelangte die mittlerweile zu Kultstatus ausgestattete Hafenkantine durch den Künstler Thorsten Passfeld, der sie in Originalgröße aus Holz nachbaute und nach Berlin brachte. Dort wurde sie hinter dem zum Kunstmuseum umfunktionierten Hamburger Bahnhof aufgestellt.

Von der Spielwiese zur Prachtstraße
Die Palmaille

Der Name dieser Allee in Hamburg-Altona kommt von dem im 16. und 17. Jahrhundert in der Oberschicht beliebten Ballspiel „Paille-Maille". Für dieses dem heutigen Crocket ähnlichen Spiel benötigte man eine lange ebene Wiese, auf der man mit einem Holzschläger einen Ball trieb. Eine solche Spielbahn ließ 1638 Graf Otto V. von Schauenburg am Elbhang bei Altona anlegen. Der Graf wollte wohlhabende Spieler aus Hamburg anziehen, was aber fehlschlug, zumal Otto bereits 1640 verstarb. Die Hamburger hatten bald eine eigene Bahn auf dem Reesendamm, dem heutigen Jungfernstieg, so dass dieser eine Zeit lang ebenfalls „Palmaille" hieß.

Als das Spiel mit der Zeit an Bedeutung verlor, entwickelte sich aus dem Spielfeld eine Straße mit begleitender Bebauung. Dies geschah vielerorts in Europa, die bekanntesten zwei Beispiele finden sich in London: Die Geschäftsstraßen „Pall Mall" und „The Mall", von denen sich auch das amerikanische Wort „mall" für Einkaufszentrum ableitet.

Entlang der Altonaer Palmaille entstanden großbürgerliche Wohnhäuser im klassizistischen Stil. Besonders elegant sind die Bauten, die der dänische Architekt Christian Frederik Hansen und sein Neffe Johann Matthias Hansen um 1800 entwarfen (Nr. 49–65 und 112–120).

Direkt gegenüber dem Altonaer Rathaus, zwischen Palmaille und Kloppstockstraße, gibt es einen kleinen Park direkt am Elbhang. Wegen seiner Lage und der phantastischen Aussicht wird er „Altonaer Balkon" genannt. Der Blick über die Elbe beeindruckte Künstler wie Heinrich Heine und den Impressionisten Lovis Corinth, der ihn 1911 auf einem Gemälde verewigte.

Original und Fälschung
Die Peterstraße

Wer heute die Peterstraße in der Hamburger Neustadt nahe dem Großneumarkt besucht, mag denken, hier haben sich noch die Reste alter Bürgerhäuser aus dem 17. und 18. Jahrhundert erhalten. Giebel an Giebel reihen sich die malerischen Fachwerkhäuser. Doch der Schein trügt! Die meisten heute vorhandenen Gebäude hat es in dieser Gegend nie gegeben. Eine private Stiftung errichtete hier in der Zeit von 1968 bis 1984 eine Wohnanlage. Deren Fassaden sind Nachbauten zerstörter Gebäude aus anderen Teilen der Stadt. Die Rekonstruktion verlorengegangener Bauten wird heute kontrovers diskutiert. Im Fall der Peterstraße kommt aber noch hinzu, dass hier das Bild einer großbürgerlichen Wohnstraße entstanden ist. Eine solche gab es in diesem Teil der Hamburger Neustadt nicht.

Doch es befindet sich auch noch ein „Original" innerhalb des Ensembles: Das „Beyling-Stift" wurde im Zuge der Neubaumaßnahmen restauriert. Es wurde 1751 von Wilhelm Gottfried Oelckers als Wohnhaus erbaut. 1824 erwarb es Johann Beyling, der es 1899 für die Einrichtung von Altenwohnungen stiftete. Noch heute gibt es hier, wie auch in den Nachbarhäusern, Seniorenwohnungen. Im Beyling-Stift befindet sich darüber hinaus das Brahms-Museum mit einer Ausstellung über den berühmten Sohn der Stadt.

Le Corbusier in Hamburg
Das ehemalige Polizeihochhaus

Ein langjähriges Ärgernis soll es gewesen sein, das Polizeihochhaus am Berliner Tor. Eine Qual für jeden, der dort arbeiten musste. Nicht funktionierende Klimaanlagen, schlechte Heizung und unzureichende Fahrstuhlkapazität wurden bereits kurz nach seiner Fertigstellung 1962 bemängelt. Auch die Architektur fand kaum Zustimmung bei den Hamburgern. Viele empfanden den Bau als „Klotz" und mokierten sich darüber, dass ausgerechnet die Polizei in dem 85 Meter hohen Turm residierte.

Auch in den Augen von Architekturkennern fand das Gebäude keine Gnade. Man glaubte, hier eine Kopie eines Entwurfs des legendären Architekten Le Corbusier zu erkennen. In der Tat weist dessen Quartier de la Marine in Algier von 1942 erstaunliche Ähnlichkeiten mit dem Hamburger Bau auf. Besonders die skulpturalen Fassadenelemente, für die Le Corbusier den Begriff „brises-soleil" prägte, kann man auch am Polizeihochhaus bewundern. Die Planung für das Gebäude stammt von einer Arbeitsgemeinschaft der Architekten Atmer und Marlow mit Hans Holthey sowie Egon Jux und Harro Freese, wobei der Entwurf wohl letzteren zuzuschreiben ist.

Im Zuge eines Tauschgeschäftes zog das Polizeipräsidium in einen Neubau an der Hindenburgstraße in Alsterdorf um. Der Hamburger Architekt Hadi Teherani entwarf das aus der Luft an einen Polizeistern erinnernde Gebäude und übernahm auch die Sanierungsplanung für das marode Hochhaus. Heute ist es zentraler Bestandteil des Berliner Tor Centers, dessen moderne Glastürme 2004 nach Plänen von Jan Störmer fertig gestellt wurden.

Ein neues Zentrum nach dem Großen Brand
Rathausmarkt und Alsterarkaden

In der Nacht vom 4. auf den 5. Mai 1842 entdeckte die Nachtwache in der Deichstraße am Nikolaifleet ein Feuer. Trotzdem die Feuerwehr rasch alarmiert wurde, konnte es nicht unter Kontrolle gebracht werden. Zu ungünstig waren die Bedingungen durch Wind und eine vorangegangene Trockenheit. Zudem waren die benachbarten Speicher voll von leicht entzündlichem Material. Der Brand breitete sich aus und nahm verheerende Ausmaße an. Nahezu ein Viertel der Hamburger Innenstadt wurde zerstört. 51 Menschen starben, 120 wurden verletzt, 20.000 obdachlos. Wie weit die Flammen nach Norden reichten, kann man heute an der Straße Brandsende ablesen, wo sie durch die Stadtbefestigung aufgehalten wurden. Um die Feuersbrunst einzudämmen, hatte man zahlreiche Gebäude gesprengt, darunter auch das Rathaus.

Der Wiederaufbau begann umgehend. Bereits wenige Tage nach der Katastrophe beauftragte der Senat den erst 34 Jahre alten Ingenieur William Lindley mit der Erstellung eines Wiederaufbauplanes. Lindley hatte kurz zuvor Hamburgs erste Eisenbahnlinie realisiert. Er nutzte nun die Chance, erstmalig in der Hansestadt ein modernes Wasserver- und -entsorgungssystem anzulegen. Seine städtebaulichen Vorschläge jedoch gerieten wohl etwas zu ingenieurmäßig nüchtern. Einen Gegenpol bildeten die Architekten Alexis de Chateauneuf und der in Dresden arbeitende gebürtige Hamburger Gottfried Semper. Es muss ein hartes Ringen zwischen Ingenieur und Architekten gewesen sein, doch das Ergebnis war es wert. Ein neues Stadtzentrum wurde geschaffen! Es wurde die Position des neuen Rathauses festgelegt, der Rathausmarkt entstand und das Becken der Kleinen Alster erhielt seine heutige Form. Die Alsterarkaden auf der Westseite stammen aus der Feder von de Chateauneuf. Ihre hell verputzten Rundbögen im Stil der Neorenaissance erzeugen ein Gefühl von italienischer Leichtigkeit.

Ein Schiff mit vielen Namen
Die Rickmer Rickmers

Man kann ihn nicht übersehen, den stolzen Dreimaster mit dem grünen Rumpf, unten an St. Paulis Landungsbrücken. Es ist das Museumsschiff „Rickmer Rickmers" und es hat eine wechselvolle Geschichte hinter sich. 1896 lief es in Bremerhaven auf der Werft der Reederei Rickmer Clasen Rickmers vom Stapel.

Es wurde „Rickmer Rickmers" getauft, nach dem Enkel des Firmengründers. Das fast 100m lange Schiff ist aus Stahl gebaut. Es ist ein so genanntes Vollschiff, d. h. jeder seiner drei Masten ist rahgetakelt. Es verlor jedoch in einem Taifun vor Südafrika seinen Kreuzmast und wurde zur Bark umgetakelt. 1912 wurde das Schiff an die Reederei Krabbenhöft verkauft und unter dem neuen Namen „Max" im Salpeterhandel mit Chile eingesetzt.

Während des Zweiten Weltkriegs wurde der Großsegler vor den Azoren von den Portugiesen beschlagnahmt. Unter dem Namen „Flores" transportierte er von nun an Rüstungsgüter für die Engländer. Nach dem Krieg wurde er für die portugiesische Marine zum Schulschiff umgebaut. Erneut umbenannt diente das Schiff nun als „Sagres" der Ausbildung junger Seekadetten. Noch einmal konnte es zeigen, was in ihm steckt und gewann 1959 die „Tall Ships' Races" Regatta. Doch 1962 wurde es ausgemustert und abgetakelt. Als Depotschiff „Santo André" fristete es 20 Jahre lang im Hafen bei Lissabon ein trostloses Dasein, bis der Verein „Windjammer für Hamburg" es an die Elbe holte.

1998 wurde die restaurierte und wieder mit ihrem alten Namen versehene „Rickmer Rickmers" anlässlich des Hafengeburtstags den Hamburgern präsentiert und ist seitdem Museumsschiff.

Giebel für Granaten
Die Schwarzwaldhäuser in Langenhorn

Eine architektonische Kuriosität findet sich im Stadtteil Langenhorn. Entlang der Essener Straße steht, sauber aneinander gereiht, ein gutes Dutzend heimeliger Häuschen, deren steile Fachwerkgiebel an Schwarzwälder Kuckucksuhren denken lassen. So falsch liegt man damit nicht, aber das Idyll hat einen ernsten Hintergrund:

Ab 1933 wurde Langenhorn zu einem Zentrum der Rüstungsindustrie ausgebaut.

In der Zeit von 1935 bis 1937 errichtete man entlang der Essener Straße, die damals noch Weg 4 hieß, die Werksanlagen der „Deutschen Messapparate GmbH" (Messap). An der Straße Tarpen entstanden die „Hanseatischen Kettenwerke" (Hak).

Diese Namen waren jedoch Tarnnamen, denn die Kettenwerke stellten Granathülsen her und die Messap produzierte Bombenzünder. Die Betriebe setzten tausende Zwangsarbeiter ein und gegen Ende des Krieges auch inhaftierte Frauen einer Außenstelle des Konzentrationslagers Neuengamme. Ein Gedenkstein an der Essener Straße 54 erinnert heute an die 750 weiblichen Häftlinge.

Die Messap war die Tochtergesellschaft eines Uhrenherstellers aus dem Schwarzwald. Die für den Bau der Präzisionsgeräte benötigten Feinmechaniker ließ man aus Süddeutschland nach Langenhorn kommen. Um ihnen das Übersiedeln zu erleichtern, baute man Werkswohnungen in Anlehnung an den traditionellen Baustil ihrer Heimat. Der Architekt der zwischen 1939 und 1940 gebauten „Schwarzwald-Siedlung", war Paul Alfred Richter. Er entwarf auch die ausgedehnten Werksanlagen der Messap.

Handel im Wandel
Die Speicherstadt

Das Gebiet der Elbinsel Grasbrook lag bis zum Anfang des 19. Jahrhunderts größtenteils außerhalb der Stadtbefestigung. Über das Brooktor gelangte man in die Stadt. Auf dem sumpfigen Gelände außerhalb der Mauern weidete Vieh. Außerdem gab es hier einen Richtplatz, auf dem 1401 der Pirat Klaus Störtebeker und seine Kumpanen hingerichtet worden sein sollen.

Ab der Mitte des 19. Jahrhunderts nutzte man das Areal zur Hafenerweiterung. Der Beitritt Hamburgs in den Deutschen Zollverein machte einen Freihafen notwendig. Damit konnten Waren umgeschlagen werden, ohne das Zölle anfielen. Die für die Lagerung der Güter erforderlichen Gebäude ließ man ab 1883 auf den Landzungen Kehrwieder und Wandrahm errichten. Für die neuen Lagerhäuser wurden die dortigen Wohnviertel abgerissen und etwa 20.000 Bewohner umgesiedelt. 1888, pünktlich zum offiziellen Anschluss an den Zollverein, wurde die „Speicherstadt" feierlich eingeweiht.

Die Backsteingebäude wurden im neugotischen Baustil errichtet und auf Eichenpfählen gegründet. Alle haben auf einer Seite Anschluss an einen Kanal, den „Fleet". Die Waren wurden mit Booten angeliefert und über Seilwinden auf eine der fünf Lagerebenen gehoben und dort verstaut. Gelagert wurden hauptsächlich Gewürze, Kaffee, Tee oder Textilien. „Quartiersleute" waren für Lagerung und Weiterversand verantwortlich. Sie verfügten oft über besondere Kenntnisse, verkosteten Tee oder Kaffee und stellten spezielle Mischungen für den Verkauf zusammen. Beim heutigen Containerumschlag mit seinen kurzen Lagerzeiten ist der Freihafenstatus der Speicherstadt nicht mehr notwendig. Man verlegte daher die Zollgrenze. Lediglich die vielen Lager für Orientteppiche sind noch immer „Zollausland". Zunehmend werden die Speicher zu Bürogebäuden umgebaut. Es gibt auch einige kleine Museen mit speziellem Bezug zum Ort, wie etwa das Gewürzmuseum oder das Zollmuseum.

Falsche Komponisten
Die Wagnerstraße in Barmbek-Süd

Die Wagnerstraße im Stadtteil Barmbek-Süd wurde 1877 nach dem Grundeigentümer Hans Heinrich David Wagner (1816 - 1872) benannt. Vielleicht führte die Tatsache, dass in der Nähe auch die Richardstraße liegt dazu, dass man später annahm, hier sei der Komponist Richard Wagner geehrt worden. Und so tragen Straßen in der Umgebung die Namen weiterer Komponisten, wie zum Beispiel die Gluckstraße, die Weberstraße und die Flotowstraße. Sogar Figuren aus Richard Wagners Opern finden sich hier. Es gibt die Sentastraße und die Ortrudstraße; sogar Elsa, ein Part aus Wagners Oper „Lohengrin" wurde mit einem Straßennamen bedacht. Oder ist hier doch die Frau des Grundbesitzers gemeint? Sie trug ebenfalls den Namen Elsa. Auch Tochter Bertha ist nicht weit. Die Berthastraße trifft nördlich der Wagnerstraße auf die Elsastraße.

Im Westen schließt ein ganzes „Komponistenviertel" an. Mit Bachstraße, Beethovenstraße, Gluckstraße, Mozartstraße, Schubert- und Schumannstraße findet man hier fast alles, was in der klassischen Musik Rang und Namen hat. Doch ist auch hier die Bachstraße nicht nach dem Komponisten benannt. Vielmehr führt sie über einen Bach - die Osterbek.

Und Richard Wagner? Ist er gänzlich leer ausgegangen? Nein! 1904 wurde die Brücke der Wagnerstraße über die Eilbek tatsächlich dem Komponisten zugedacht.

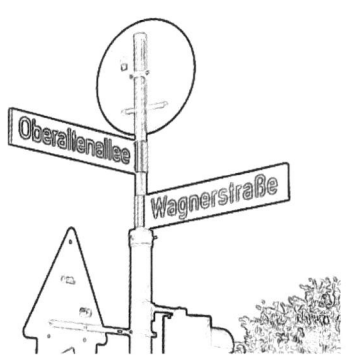

Eine Festung wird zum Park
Die Wallanlagen (Planten un Blomen)

Bis zu Beginn des 19. Jahrhunderts war Hamburg von Befestigungsanlagen umgeben. Im Mittelalter schützte eine Stadtmauer die Bürger vor Feinden und markierte die Grenze des Gemeinwesens. Die Mauer wurde Mitte des 16. Jahrhunderts durch einen Wall ergänzt. Der Straßenname „Neuer Wall" verweist noch heute darauf.

Zu Beginn des 17. Jahrhunderts wurden vollständig neue Befestigungen angelegt. Das Aufkommen von Artilleriewaffen machte die alten Mauern wirkungslos. Die Stadt wuchs, und die neu entstandenen Vorstädte sollten in die Befestigung einbezogen werden. Auch fühlte sich Hamburg durch das damals angrenzende Königreich Dänemark bedroht. Man beauftragte den niederländischen Festungsbauer Johan van Valckenburgh mit der Errichtung moderner Wallanlagen. Es waren Erdwälle, die von einem Wassergraben umgeben waren. Charakteristisch für den Festungsbau der damaligen Zeit sind die gezackten Bastionen auf denen Geschütze platziert wurden. Um ein freies Schussfeld zu haben, hielt man die Gebiete vor dem Wall frei von Bebauung und Bäumen. Diese Flächen wurden „Glacis" genannt.

Bis zu Beginn des 19. Jahrhunderts hatten die Wallanlagen Bestand, doch sie hinderten die wachsende Stadt an ihrer Ausdehnung. So beschlossen die Hamburger 1804, die nutzlos gewordenen Befestigungen zu Grünanlagen umzubauen. Man hatte bereits damit begonnen, als 1813 bis 14 die Truppen Napoleons die Stadt besetzten und anfingen, die Befestigungen wiederherzustellen.

Erst 1820 konnte der Umbau durchgeführt werden. Unter der Leitung des Bremer Landschaftsgärtners Isaak Altmann wurden nahezu die gesamten Wallanlagen in einen Park umgewandelt. Übrig geblieben sind davon heute die westlichen Anlagen, die 1986 mit dem Park „Planten und Blomen" zusammengefasst wurden. Auf dem Hamburger Stadtplan kann man noch heute den Verlauf der ehemaligen Bastionen und den sie begleitenden Wassergraben erkennen.

Bildnachweis

Titelfoto: Turm von St. Michaelis:
Mogelzahn - Nils Tubbesing

Innenseiten: Norwegerhäuser, Begräbniskapelle St.Petri,
Jarrestadt, Kaufmannshaus am Moorgraben,
Landhaus Baur, Wagnerstraße :
Giesela und Horst Peters, Hamburg

Impressum

Kaiser Peters Wormuth GbR
archimappublishers
Weimarer Str. 32
D-10625 Berlin

Texte: Dirk Kollendt
Lektorat: Martina Wisser
Redaktion und Projektleitung: Gerd Kaiser und Nils Peters

Bibliografische Information der Deutschen Bibliothek - Die Deutsche
Bibliothek verzeichnet diese Publikation in der Deutschen
Nationalbibliografie; detaillierte bibliografische Daten sind im
Internet über http://dhb.ddb.de abrufbar.

Printed in Turkey
ISBN 978-3-940874-18-4
© Copyright 2011
Text und Bild bei den Autoren und dem Verlag
Alle Rechte vorbehalten

Urlaubsarchitektur 2 - Ferienhäuser in Europa

Wie bereits in Band 1 werden erneut faszinierende und aussergewöhnliche Ferienhäuser und kleine Hotels in Europa vorgestellt. Die Bauten zeichnen sich durch eine besondere Individualisierung und architektonische Konzeption aus. Insgesamt werden 46 Beispiele gezeigt, die abseits von normalen Touristenpfaden zu finden sind inklusive Kontaktmöglichkeiten zur Anmietung.

Okt. 2011, mit vielen farbigen Abbildungen, Maße: 29 x 18 cm, Deutsch/Englisch

ISBN 978-3-940874-11-5 | € 21,90

Hamburg to go - Der Stadtwanderführer

Der neue Stadtführer zeigt die besten Seiten der Hansestadt in Form von vielen Spaziergängen, die durch die einzelnen Stadtteile und Quartire führen. Besonders hervorgehoben werden die besten Orte, Kulturhäuser, Bars und Restaurants. Überflüssige Information wurde konsequent vermieden, so daß jeder Rundgang die Essenz Hamburgs darstellt.

Nov. 2011, mit vielen farbigen Abbildungen, Maße: 12,4 x 19,1 cm, Kartoniert, Deutsch

ISBN 978-3-940874-40-5 | € 8,50

archimap*publishers*